Dienst am Wort

Die Reihe für Gottesdienst und Gemeindearbeit

66
Die Bergpredigt Jesu

Verlag Vandenhoeck & Ruprecht
in Göttingen

Die Bergpredigt Jesu

Auslegung in dreißig Andachten

Von Reinhard Slenczka

Verlag Vandenhoeck & Ruprecht
in Göttingen

Die Deutsche Bibliothek – CIP-Einheitsaufnahme

Slenczka, Reinhard: Die Bergpredigt Jesu:
Auslegung in dreißig Andachten /
von Reinhard Slenczka. – Göttingen:
Vandenhoeck und Ruprecht, 1994
  (Dienst am Wort; 66)
  ISBN 3-525-59330-9
NE: GT

Inhaltsverzeichnis

Einführung

Von der Nachfolge

Gott, der Vater unseres Herrn Jesus Christus, ist durch das Wort der Heiligen Schriften Alten und Neuen Testaments gegenwärtig, in dem er zu uns spricht und an uns handelt. Auf diese Weise werden durch die Kraft des Heiligen Geistes Menschen in die Gemeinschaft des dreieinigen Gottes gerufen und durch die Taufe aufgenommen.

Wer so zu Jesus Christus gehört, ist sein *Jünger*, und das ist in der genauen Bedeutung des griechischen Wortes ein *Schüler*. Der Jünger lebt in der Gemeinschaft mit seinem Herrn und Meister, er geht hinter ihm her, er blickt auf ihn und hört auf seine Worte. Das Beispiel der ersten Jünger zeigt, wie einfach und eindeutig diese Nachfolge ist. Als Lebens- und Weggemeinschaft ist sie niemals Gegenstand der Betrachtung, sondern sie wird im Gehen vollzogen. Nachfolgen heißt und ist: hinter Jesus hergehen, auf ihn sehen und hören, bei ihm bleiben.

Der Bericht von der Berufung der ersten Jünger geht der Bergpredigt voran (Mt 4,18–22; Lk 6,12–16), und dabei ist einiges zu beobachten, was auch für das Hören der Bergpredigt wichtig ist: Wer berufen wird, folgt nach; Berufung und Nachfolge sind gleichzeitig: «Und er sprach zu ihnen: Folgt mir nach; ich will euch zu Menschenfischern machen! Sogleich verließen sie ihre Netze ... das Boot und ihren Vater ... und folgten ihm nach« (Mt 4,19.20.22). Die kürzeste Berufungsgeschichte besteht aus einem einzigen Satz: Jesus erblickt den Zöllner Matthäus/Levi und sprach zu ihm: »Folge mir! Und er stand auf und folgte ihm« (Mt 9,9–13; Lk 5,27f; Mk 2,13–17). Gerade an diesem Beispiel wird deutlich, wie jede Zwischenüberlegung über Voraussetzungen, Bedingungen und Folgen gänzlich fehlen. Es wird nicht verhandelt, weder im Inneren des Berufenen, noch zwischen dem Herrn und dem Berufenen, obwohl wir uns eine Fülle von abwägenden Überlegungen in einer solchen Entscheidungssituation vorstellen könnten.

Auch die längste Berufungsgeschichte (Joh 1,43–51), die über verschiedene Stationen führt, läßt diesen Grundzug erkennen: Philippus wird von Jesus berufen, und dieser findet Nathanael, dem er Jesus als die Erfüllung der Verheißung von Gesetz und Propheten verkündigt. Die Skepsis des schriftkundigen Nathanael gegenüber der Herkunft des Messias aus dem galiläischen Nazareth wird in der unmittelbaren Begegnung mit Jesus durchbrochen, der ihn als »rechten Israeliten, in dem kein Falsch ist«, anredet. Damit macht Jesus ihm deutlich, wie er Nathanael bereits gesehen und erkannt hat, bevor dieser ihn erkannte. So bewirkt die Berufung durch den Herrn die Nachfolge des Jüngers.

Aus eigenem Entschluß und abwägender Überlegung kommt es nicht zur Nachfolge. Dies zeigen drei kurze Beispiele in Lk 9,57–62, in denen einmal die Frage nach der Unterkunft gestellt wird, dann die Bitte um Aufschub wegen der zweifellos wichtigen Sohnespflicht, den Vater vorher zu begraben, ausgesprochen wird oder auch der verständliche Wunsch, vorher noch von den Angehörigen Abschied zu nehmen. Denn, so heißt es im Wort des Herrn: »Wer seine Hand an den Pflug legt und sieht zurück, der ist nicht geschickt für das Reich Gottes« (Lk 9,62).

Aus den der Bergpredigt vorangehenden Berufungsgeschichten ist noch eine weitere Beobachtung festzuhalten; sie betrifft das Verhältnis zwischen dem engeren Jüngerkreis und der Volksmenge, die Jesus in erdrückender Zahl aus weiter Umgebung zuläuft, um ihn zu hören und Heilung von körperlichen und geistigen Krankheiten zu erlangen. Die zwischen dem engeren Jüngerkreis und dem weiten Kreis interessierter und bedürftiger Zuhörer auftretenden Unterschiede sind in mancher Hinsicht fließend: Aus einem weiteren Kreis von Jüngern werden zwölf nach der Zahl der zwölf Stämme Israels ausgewählt, in besonderer Weise mit der Verkündigung beauftragt und mit heilender Vollmacht ausgestattet (Mk 3,13ff, vgl.Mt 10,1ff). Nach Lk 6,13 werden sie als *Apostel*, d.h. beauftragte Gesandte, bezeichnet. Das Verzeichnis aber der zwölf Namen endet regelmäßig mit Judas Iskariot, »der ihn verriet« (Mk 3,19; Lk 6,16; Mt 10,4). Das ist ein deutlicher Hinweis am Anfang auf die Kreuzesprüfung der Jüngerschaft, an die wir übrigens auch als christliche Gemeinde regelmäßig beim Abendmahl erinnert werden, wenn es in den Einsetzungsworten heißt: »Unser Herr Jesus Christus, in der Nacht, da er verraten ward« – zu ergänzen ist: von einem seiner Jünger – (1.Kor 11,23ff). Der Verräter Judas ist nicht der Einzelfall. Auch der Bekenner Petrus wird in der Kreuzesprüfung zum Verleugner seines Herrn (Mt 16,13ff; 26,31–35. 69–75 pp.), und nach der Gefangennahme Jesu heißt es: »Da verließen ihn alle Jünger und flohen« (Mt 26,56; Mk 14,50).

Was diese scheidende Entscheidung in der Flucht auslöst, ist keineswegs nur der Eingriff weltlicher Gewalt, sondern es wird gezeigt: Den Jüngern Jesu ist es von sich aus nicht mehr möglich, in der Gefangennahme, im Leiden und im Kreuzestod Jesu die Erfüllung des geschriebenen Wortes Gottes von dem kommenden Messias zu erkennen und zu verstehen, daß dies alles nach dem Willen Gottes so geschehen muß. Nach menschlichem Urteil ist der Tod das Ende. Die Entscheidungssituation für die Jünger ergibt sich hier wie anderswo immer unter dem Wort Gottes und im Gegensatz zu verschiedenen Erfahrungen und Forderungen der uns umgebenden Wirklichkeit. Die Probe und Bewährung der Jüngerschaft aber liegt ausschließlich im Hören auf das Wort Gottes und in dem schon bei den ersten Jüngern erkennbaren Geschehen, daß auch der Verleugner Petrus von neuem beauftragt wird und daß die furchtsam geflohenen Jünger erneut gesammelt und durch die Gabe des Heiligen Geistes zum Zeugnis für Christus ermutigt werden (Apg 2). Das ist das Wunder der Nachfolge.

Die Umstände auf dem Lebensweg eines Menschen mögen verschieden sein, und sie können sich auch verändern. Auch die Lage der Kirche als ganzer oder von einzelnen Gemeinden mag im Lauf der Zeit wechseln. Für das, was Nachfolge unter der Berufung durch das Wort des Herrn ausmacht, hat das jedoch überhaupt keine Bedeutung, so sehr sich die Betrachtung äußerer Umstände, innerer Erfahrungen und unausweichlicher Folgen aufdrängen mag. Wer berufen ist, der folgt nach; wer nachfolgt, blickt auf den Herrn, hört auf sein Wort und redet mit ihm nach seinem Wort im Gebet, und so geht er seinen Lebensweg im Glaubensgehorsam, d.h. in gehorsamem Vertrauen. Die einzige Entscheidung, auf die es dabei ankommt, beruht in der Beständigkeit des Hörens im Gehen oder im Nichthören und Weggehen. So erschließt sich aus dem Wort des Herrn das Geheimnis der Kirche.

Zur Form der Andacht

Die Bergpredigt Jesu ist nach Inhalt und Wirkung Einweisung in die Nachfolge und Zurechtweisung im Glaubensgehorsam in der Vorbereitung auf das kommende Reich Gottes. Wo das Wort Gottes gehört wird, geschieht etwas, und das gilt auch für die Bergpredigt: »...ein geschichtliches Ergriffensein der Kirche durch ihren Herrn...« und ein »Hineinwachsen der Kirche in die Ganzheit der biblischen Wahrheit« (K. Beyschlag). Dies ist auch die Voraussetzung und das Ziel der folgenden Auslegung, mit der einzelne Textabschnitte in täglicher Andacht allein, in der Familie oder in einer anderen Gemeinschaft aufgenommen werden sollen, so wie Jünger auf ihren Herrn hören und hinter ihm hergehen. Die dreißig Abschnitte lassen sich in täglicher Andacht etwa auf einen Monat verteilen. Dabei ist es wichtig, daß sich das Wort des Herrn durch wiederholtes Lesen in das Herz einprägt.

Der Rahmen für die Andacht kann etwa folgendermaßen aussehen:

Wir beginnen: »Im Namen Gottes des Vaters, des Sohnes und des Heiligen Geistes«.

Das ist der Name des dreieinigen Gottes, auf den wir getauft sind, durch den wir Kinder Gottes sind und als Glieder am Leib Jesu Christi die Gabe des Heiligen Geistes empfangen haben.

Es kann folgen *Luthers Morgen- oder Abendsegen*. Dabei zu knien oder zu stehen und sich zu bekreuzigen, d.h. »segnen mit dem heiligen Kreuz«, ist eine gute Sitte, die auch von Luther empfohlen wird.

Der Morgensegen:

»Ich danke dir, mein himmlischer Vater, durch Jesum Christum, deinen lieben Sohn, daß du mich diese Nacht vor allem Schaden und Gefahr behütet hast, und bitte dich, du wollest mich diesen Tag auch behüten vor Sünde und allem Übel, daß dir all mein Tun und Leben gefallen.

Denn ich befehle mich, meinen Leib und Seele und alles in deine Hände; dein heiliger Engel sei mit mir, daß der böse Feind keine Macht an mir finde. Amen.«

Der Abendsegen:

»Ich danke dir, mein himmlischer Vater, durch Jesum Christum, deinen lieben Sohn, daß du mich diesen Tag gnädiglich behütet hast, und bitte dich, du wollest mir vergeben alle meine Sünden, wo ich Unrecht getan habe und mich diese Nacht auch gnädiglich behüten. Denn ich befehle mich, meinen Leib und Seele und alles in deine Hände; dein heiliger Engel sei mit mir, daß der böse Feind keine Macht an mir finde. Amen.«

Oder *morgens:*

Herr, nach der Ruhe der Nacht hast du uns das Licht eines neuen Tages geschenkt. Wir danken dir und bitten dich, erleuchte unsere Herzen, daß wir als Kinder des Lichts auch am heutigen Tag im Glaubensgehorsam dem Tag deiner Herrlichkeit entgegengehen. In Jesu Namen, Amen.

Und *abends:*

Herr, himmlischer Vater, wir danken dir für diesen Tag, den du uns geschenkt hast, für die guten Gaben, mit denen du uns versorgt und gestärkt hast und für dein Erbarmen, mit dem du uns trägst. Vergib uns, was wir gegen deinen Willen und gegen unseren Nächsten verfehlt haben. Laß uns in dieser Nacht ruhig schlafen und frisch gestärkt erwachen zu einem neuen Tag, den du uns schenken willst. In Jesu Namen, Amen.

Ein Lied sollte durchaus auch in kleinster häuslicher Gemeinschaft, notfalls sogar allein gesungen werden, einige Strophen vor und einige nach Schriftlesung und Auslegung.

Wichtig ist die *Gebetsbitte um rechtes Hören und Verstehen,* etwa: »Herr, ‚Dein Wort ist meines Fußes Leuchte und ein Licht auf meinem Weg‘« (Ps 119,105). Wecke ‚mir das Ohr, daß ich höre, wie Jünger hören‘ (Jes 50, 4). ‚Erforsche mich, Gott, und erkenne mein Herz; prüfe mich und erkenne, wie ich's meine. Und siehe, ob ich auf bösem Wege bin, und leite mich auf ewigem Wege‘ (Ps 139,23–24). Amen.«

Der jeweilige *Textabschnitt* sollte immer, auch wenn man allein ist, *laut gelesen* werden.

Darauf folgt die *Schriftauslegung,* die durchaus erweitert und vertieft werden kann, indem man angegebene Bibelstellen nachliest, die den Blick auf das Ganze der Schrift ausweiten sollen, und indem wir im Gespräch miteinander oder in eigenem Nachdenken die Frage nach unserem Glaubensgehorsam in der Nachfolge stellen.

Auf jeden Fall sollte nach der Auslegung der *Text noch einmal laut gelesen* werden.

Es folgt das Gebet, in dem jeweils das Gehörte aufgenommen und vor Gott ausgesprochen wird; dies sollte ergänzt werden durch *persönliche Bitten und Fürbitten.* Sie können in der Stille vorgebracht, von einem einzelnen für alle oder von allen nacheinander ausgesprochen werden.

Wir schließen:

Morgens: »Es segne und behüte uns der allmächtige und barmherzige Gott, der Vater, der Sohn und der Heilige Geist. Amen.«

Abends: »Eine ruhige Nacht und ein seliges Ende verleihe uns der allmächtige und barmherzige Gott, der Vater, der Sohn und der Heilige Geist. Amen.«

Für die Andacht muß eine *feste Zeit* im Tageslauf vorgesehen sein. Daran kann sich zeigen, ob wir Herr der uns von Gott geschenkten Zeit sind (Ps 31,16) oder ob die Zeit uns beherrscht.

Neben der Verwendung bei Andachten können die Auslegungen vielleicht auch als Hilfe für Bibelarbeiten in Gemeindekreisen, bei Mitarbeiterbesprechungen und Kirchenvorstandssitzungen dienen. Gespräche könnten auf diese Weise angeregt werden, die zu einer vertieften Einsicht in das Wort des Herrn führen.

Stets sollte dabei beachtet werden, daß wir nicht nur die Fragenden sind, sondern daß wir von unserem Herrn unmittelbar als Jünger angesprochen werden. Das ist der Spiegel, der uns aus dem Wort Gottes vorgehalten wird (Jak 1,22–25).

Literaturhinweise

Es gehört zur Wirkung der Bergpredigt, daß sie immer wieder Gegenstand wissenschaftlicher Forschung und erbaulicher Auslegung wird. Daran sind keineswegs nur Fachtheologen, sondern auch Vertreter anderer Berufe beteiligt. Wie die ganze Heilige Schrift, so zählt auch die Bergpredigt als »Rede der Reden« (Friedrich Dürrenmatt) zu den Quellen, die menschliches Denken und Handeln in Bewegung setzen, die Grundlage sind und so Richtung und Maßstab bilden. Doch es ist wichtig, darauf zu achten, daß durch diese Wirkungsgeschichte die unmittelbare Wirkung des Herrenworts nicht verdeckt oder gar verdrängt wird.

Einen Gesamtüberblick über die Wirkungs- und Auslegungsgeschichte vermitteln Lexikonartikel, so z.B.

der Artikel »Bergpredigt« in der ‚Theologischen Realenzyklopädie' von *Gerhard Barth* und *Tor Aukrust* (TRE) Bd.V (1980) 603–626.

Bis heute nützlich mit seinen theologischen Einsichten und historisch-philologischen Materialien ist

Friedrich August Gottreu Tholuck (1799–1877), Philologisch-theologische Auslegung der Bergpredigt Christi nach Matthäus, zugleich ein Beitrag zur Begründung einer rein-biblischen Glaubens- und Sittenlehre. Hamburg 1833. 1872[5].

Aus der Fülle neuerer Fachliteratur sei nur weniges genannt, was auch für diese Auslegung eine Hilfe gewesen ist:

Ursula Berner, Die Bergpredigt. Rezeption und Auslegung im 20. Jahrhundert. (= Göttinger Theologische Arbeiten Bd. 12) Göttingen 1985[3];

Karlmann Beyschlag, Zur Geschichte der Bergpredigt in der Alten Kirche. In: Zeitschrift für Theologie und Kirche 74, 1977, 291–322;

Hans Dieter Betz, Studien zur Bergpredigt. Tübingen 1985;

Günther Bornkamm, Der Aufbau der Bergpredigt. In: New Testament Studies 24, 1978, 419–432;

Georg Strecker, Die Bergpredigt. Ein exegetischer Kommentar. Göttingen 1985[2];

Hans Weder, ,Die Rede der Reden'. Eine Auslegung der Bergpredigt. Zürich 1985.

Auslegung der Bergpredigt ist immer Einweisung in den Glaubensgehorsam der Nachfolge, und auch dafür gibt es in der Geschichte der Kirche eindrucksvolle Beispiele von bleibender Bedeutung wie z.B.

Aurelius Augustinus (354–430), De sermone domini in monte (viele lateinische Ausgaben und Übersetzungen);

Martin Luther (1483–1546), Wochenpredigten über Matth 5–7. 1532. Weimarer Ausgabe Bd.32, 299–544; *Walch*[2] 7, 346–677;

Dietrich Bonhoeffer (1906–1945), Nachfolge. München 1937[1] (zuletzt: Werke Bd.4. 1989).

Diese Auslegung der Bergpredigt leitete in einer ersten Fassung die Vorlesung »Grundlegung der Ethik« im Sommersemester 1989 in Erlangen. Das Manuskript wurde dann während eines Freisemesters im Ökumenischen Institut Tantur, an der Straße zwischen Bethlehem und Jerusalem gelegen, ausgearbeitet. Wie es aus der Weggemeinschaft in der Nachfolge unter dem Wort des Herrn entstanden ist, so möge es auch dazu dienen und ermutigen.

Der Herr tat seinen Mund auf

Matthäus 4,23–5,2
Lukas 17–20a

23 »Und Jesus zog umher in ganz Galiläa , lehrte in ihren
Synagogen und predigte das Evangelium von dem Reich
und heilte alle Krankheiten und alle Gebrechen im
Volk.

24 Und die Kunde von ihm erscholl durch ganz Syrien.
Und sie brachten zu ihm alle Kranken, mit mancherlei
Leiden und Plagen behaftet, Besessene, Mondsüchtige
und Gelähmte; und er machte sie gesund.

25 Und es folgte ihm eine große Menge aus Galiläa, aus
den Zehn Städten, aus Jerusalem, aus Judäa und von
jenseits des Jordans.

1 Als er aber das Volk sah, ging er auf den Berg und
setzte sich; und seine Jünger traten zu ihm.

2 Und er tat seinen Mund auf, lehrte sie und sprach:«

Was umständlich scheint, dient der größeren Genauigkeit
und verlangt besondere Aufmerksamkeit. So wird am Anfang
der Bergpredigt unser Blick in einer Scharfeinstellung auf Jesus
selbst gerichtet, wie er sich auf den Berg setzt, wie seine Jünger
zu ihm traten, «und er tat seinen Mund auf, lehrte sie und
sprach«. So hat jeder, der die Bergpredigt liest oder hört, in der
Gemeinschaft mit den Jüngern damals auch jetzt den Herrn
vor sich. Unsere Augen werden auf seinen Mund gerichtet, damit unsere Ohren hören, was der Herr sagt.

Gegenüber dem vorangehenden Text in den ersten Kapiteln des Matthäus-Evangeliums ist das ein deutlicher Einschnitt. Denn vorher wird *über* Jesus berichtet, von seiner Herkunft aus der Geschichte Israels, von seiner Geburt, von seiner Taufe durch Johannes mit der Offenbarung der Gottessohnschaft, von der auf die Taufe folgenden Versuchung durch den Teufel, zu der er durch den Geist in die Wüste geführt wird und schließlich von dem Beginn seiner Wirksamkeit nach der Hinrichtung Johannes des Täufers durch Herodes: »Seit der Zeit fing Jesus an zu predigen: Tut Buße, denn das Himmelreich ist nahe herbeigekommen« (Mt 4,17). Die ersten zwölf Jünger werden berufen; die Fischer vom See Genezareth sollen zu Menschenfischern werden.

Was über Jesus berichtet wird, ist nicht nur Lebensgeschichte eines Menschen, sondern Heilsgeschichte Gottes. Immer wieder werden alttestamentliche Stellen angeführt und darauf hingewiesen: »…damit erfüllt würde, was gesagt bzw. geschrieben ist durch den Propheten« (1,22; 2,5.23; 4,14). *Erfüllen* ist ein biblisches Wort, dessen weite Bedeutung auch für das Verständnis der Bergpredigt wichtig ist. Erfüllt wird eine Verheißung oder Zusage, indem sie eingelöst oder verwirklicht wird. Erfüllt wird aber auch ein Gebot, indem es befolgt wird, und daran entscheidet sich Gehorsam und Ungehorsam. Erfüllt wird schließlich auch ein Maß, wenn die entsprechende Menge erreicht ist, oder die Zeit, wenn das Ziel erreicht oder das angesagte Ereignis eingetroffen ist. In allen diesen Fällen setzt die Erfüllung einen Rahmen voraus, durch den von vornherein alles Geschehen bestimmt ist. So offenbart sich durch Jesus Christus in der Zeit, was von Gott vor aller Zeit beschlossen ist. Es erfüllt sich vor unseren Ohren und Augen; das geschieht im Wort der Schrift und durch das Wort der Schrift. Ereignisse werden also nicht nur in der Vergangenheit beschrieben, sondern auch in der Gegenwart verwirklicht. Das macht die Eigenart und Wirkung der Heiligen Schrift aus.

Inhalt der Erfüllung ist, was Jesus tut. Er verkündigt das »Evangelium vom Reich«, also die frohmachende und befreiende Botschaft, daß Gottes Herrschaft kommt, daß sie sich offenbaren will und durchsetzen wird. Das ist im Wort zu hören und in der Heilung leiblicher und seelischer Leiden zu sehen. Im hörbaren Wort und in der sichtbaren Tat offenbart sich die göttliche Vollmacht Jesu. Der Name Jesu ist, woran Mt 1,21.23 erinnert wird, Hinweis auf das, was er ist und tut. »Jesus« heißt Helfer oder Retter, »denn er wird sein Volk retten von ihren Sünden«. In der Erfüllung der Verheißung des Alten Bundes Jes 7,14 lautet der Name auch »Immanuel«, und das heißt »Gott mit uns«. Jesus ist also die Erfüllung der verheißenen rettenden und helfenden Gegenwart Gottes. In dem, was der Sohn Gottes sagt und tut, tritt der ursprüngliche Wille Gottes zutage, der diese Welt und den Menschen ursprünglich am Anfang gut, ja sehr gut geschaffen hat (1.Mose 1,10.12.18.21.25.31), nämlich ohne Krankheit, ohne Sünde und auch ohne Tod, der »der Sünde Sold« (Röm 6,23) ist. Heil bedeutet im biblischen Verständnis immer, daß wiederhergestellt wird, was dem ursprünglichen Schöpferwillen Gottes entspricht. Dabei ist Leibliches und Geistiges oder auch Geistliches überhaupt nicht voneinander zu trennen, und auch Schöpfung und Erlösung stehen nicht gegeneinander. Gegenüber stehen sich vielmehr der gute Wille Gottes und das böse Tun des Menschen, also Sünde und Gnade. Auch das ist für das Verständnis der Bergpredigt festzuhalten.

Zur Erfüllung des Willens Gottes in der *Zeit* gehört aber dann auch die Ausbreitung im *Raum*, die Grenzen von Sprache und Nation überschreitend, nach Syrien im *Norden*, zu den Zehn Städten und über den Jordan im *Osten* sowie nach Jerusalem und Judäa im *Süden*. Für den *Westen* wird 4,15 »das Land am Meer« erwähnt. So geht schon am Anfang die Verkündigung Jesu in alle Himmelsrichtungen, und sie umfaßt Juden und Heiden. Was alle diese Menschen kulturell, politisch und religiös unterscheidet, ist wiederum nach einem Prophetenwort zusammengefaßt unter Finsternis und Licht: »...das Volk, das in Finsternis saß, hat ein großes Licht gesehen; und denen, die saßen am Ort und im Schatten des Todes, ist ein Licht aufgegangen« (Mt 4,16 mit Jes 8,23–9,1). Alles, was Menschen verbinden oder trennen mag, wird auf diese Weise von dem Wort Gottes umgriffen. Licht und Finsternis, Tod und Leben, Gott und Mensch, das ist die vom Wort Gottes erschlossene menschheitliche Wirklichkeit.

Das Wort Gottes aus der Geschichte der prophetischen Verkündigung führt auf Jesus hin, und in gleicher Weise wird die große Menge von Menschen aus allen Himmelsrichtungen zu ihm gezogen, ebenso wie auch unsere Aufmerksamkeit ganz auf ihn gerichtet wird. Jesus sieht das Volk, an dem sich, auch für uns sichtbar, die Verheißung Gottes erfüllt. Er geht alsdann nicht, wie es in ungenauer Übersetzung mit unbestimmtem Artikel heißt, auf *einen* Berg, sondern, mit bestimmtem Artikel, auf *den* Berg (vgl. auch Mt 15,29; Joh 6,3). Allerdings erfahren wir weder den Ort noch den Namen dieses bestimmten Berges am See Genezareth. Das ist übrigens ebenso wie bei dem Berg, »wohin Jesus seine Jünger beschieden« hatte (Mt 28, 16), wo er ihnen als Auferstandener erschien, um sie zu allen Völkern zu schicken mit dem Auftrag: »Taufet sie auf den Namen des Vaters und des Sohnes und des heiligen Geistes und lehret sie halten alles, was ich euch befohlen habe« (Mt 28,19). Zu dem Inhalt dieses Auftrags gehört also auch alles, was Jesus in der Bergpredigt gelehrt hat. Dieser Auftrag ist für Raum und Zeit umschlossen von der Zusage des Herrn: »Mir ist gegeben alle Gewalt im Himmel und auf Erden«. – »Und siehe, ich bin bei euch alle Tage bis an der Welt Ende« (Mt 28, 18.20).

Der Berg, auf den Jesus ging und sich setzte, ist ebenso wie der Berg, auf dem er als Auferstandener seinen Jüngern erschienen ist, nicht durch Namen und Ort bestimmt, sondern durch den Herrn und sein Wort. Das ist zugleich die Bestimmung von Ort und Zeit für die Erfüllung von Gottes Willen in seinem Wort. So werden auch wir durch das Wort der Heiligen Schrift zu dem Ort geführt, und wir blicken auf Jesus wie seine Jünger. Die Unruhe der Menge verstummt, und so treten auch wir zum Herrn, und wir sehen und hören, wie er seinen Mund auftut und uns lehrt.

Wiederholung der Textlesung

Gebet

Herr, himmlischer Vater, du hast dein Wort erfüllt und deinen Sohn aus der Ewigkeit in unsere Zeit gesandt als Licht in unsere Finsternis unter den Schatten des Todes. Wir danken dir und preisen dich.

Gib, Herr, daß die frohe Botschaft vom Kommen deines Reiches in uns Frucht bringe, daß wir umkehren von unseren Wegen und in froher Zuversicht auf dich blicken, dein Wort hören und dir nachfolgen auf dem Weg, den du uns führst. ‚Rede, denn dein Knecht hört' (1.Sam 3,10).

Bitten / Fürbitten...

In Jesu Namen bitten wir dich, Vater, erhöre uns. Amen.

Das erste Wort des Herrn: Selig!

Matthäus 5, 3–12
Lukas 6, 20–23

»Selig!«

Unter allen, die zuhören, wird mit der wechselnden Form der Anrede bei den Seligpreisungen eine gewisse Differenzierung deutlich. Bei Matthäus beginnen die Seligpreisungen zunächst in der dritten Person Mehrzahl – »selig sind …«, und darin kommt eine Allgemeingültigkeit oder ein Grundsatz zum Ausdruck, der nicht nur auf Anwesende beschränkt ist. Bei Lukas erfolgt die Anrede in der zweiten Person der Mehrzahl: »Selig seid ihr …«, und das gilt jedem, der es hört, während bei Matthäus sich dann ein Wechsel von der dritten Person Mehrzahl zur zweiten Person in V. 11 vollzieht: »Selig seid ihr …« Das gilt dort, wo von der absehbaren Verfolgung und persönlichen Schmach um des Reiches Gottes willen die Rede ist. Die Seligkeit als unmittelbare Gemeinschaft mit dem Herrn tritt also gerade dann hervor, wenn Christen um Christi willen verspottet, verfolgt und verleumdet werden. Das ist gegenwärtiger Grund zur Seligkeit.

Der Inhalt der Seligpreisungen ist im einzelnen verschieden und wird später genauer zu betrachten sein. Doch eins zieht sich durch alle Seligpreisungen hindurch, nämlich die Zusage und Gabe des Reiches Gottes. In V. 3 und 10 steht dies in der Zeitform der *Gegenwart*: »…denn ihrer *ist* das Himmelreich …«. Die einzelnen Gaben indes, die dann jeweils erwähnt werden, stehen in der Zeitform der *Zukunft*: Das wird und soll so sein bzw. werden: »...sie sollen getröstet werden« ...»sie werden das Erdreich besitzen...« etc. Daß wir nach dem Wort des Herrn das Himmelreich gegenwärtig haben, ist also verbunden mit der Zusage, daß wir in der Zukunft empfangen werden, was uns in der Gegenwart noch fehlt oder auch nicht erkennbar ist. Das ist das Wesen des Glaubens, der vom Wort des Herrn geweckt und aus der Gegenwart in die Zukunft getragen wird. So erschließt sich die Zukunft in der Gegenwart.

Die Freude aus den Seligpreisungen besteht aber nicht allein darin, daß Leiden und Mangel beseitigt werden sollen; der Gegensatz zu dem »selig« ist vielmehr Fluch und Verdammung. Das wird Lk 6,20–23 deutlich, wo auf die Seligpreisungen ausdrückliche Weherufe folgen. Entsprechendes zeigt sich an vielen alttestamentlichen Stellen in der Gegenüberstellung von Segen und Fluch (vgl. Ps 1; 5.Mose 11,26ff; 28,1ff; Jos 8,34 u.a.).

Mit den Seligpreisungen am Anfang der Bergpredigt wird uns daher in der Verkündigung Jesu gezeigt, daß wir es nicht nur mit der Beseitigung von Mängeln und der Befriedigung von Bedürfnissen zu tun haben, sondern daß es hier um Rettung aus dem Gericht geht. Das Kommen des Reiches Gottes vollzieht sich als gerechtes Gericht Gottes mit Lohn und Strafe. In den Seligpreisungen wird uns aufgedeckt, daß dabei andere Maßstäbe gültig sind als solche, nach denen wir uns für unser Wohlbefinden und für unser Ansehen vor den Menschen in der Öffentlichkeit zu richten pflegen. In der Bergpredigt ist aber dann ständig von Lohn und Strafe die Rede, und damit werden wir auf den Maßstab für das Gericht Gottes hingewiesen. Das gilt für diejenigen, die zum Reich Gottes berufen sind. Die Eigenschaften der Christen werden in dem Wort »selig« erschlossen.

So betrachtet sind die Seligpreisungen, die das Reich Gottes in der Gegenwart zusprechen und durch das Wort Gottes den Glauben auf Zukünftiges verweisen, keineswegs eine billige Vertröstung auf diese Zukunft und eine Flucht aus einer elenden Gegenwart. Vielmehr geht es hier um die Rettung aus dem Gericht, das auf alle Welt zukommt. Das ist wichtig für die Einzelbetrachtung; denn bei jeder einzelnen Seligpreisung steht zuerst etwas, was die menschliche Lebenssituation betrifft, und dem wird gegenübergestellt, was Gott tut bzw. tun wird. So wird die vordergründige menschliche Situation vom Licht der Ewigkeit in der Vollendung erhellt.

Freilich, das Urteil von Menschen nach dem Augenschein ist anders als das Urteil Gottes nach seinem ewigen Willen, den er uns in seinem Wort und durch seinen Sohn offenbart. Doch wo von Jesus das »selig« zugesprochen wird, öffnet sich für die Jünger in dieser Zeit der Blick auf die Ewigkeit.

"Selig!" im Wort Jesu an seine Jünger heißt daher: Aus dem über alle Welt kommenden Gericht gerettet und unter Gottes siegreicher Herrschaft belohnt wird, wer Jesus Christus, dem Sohn Gottes, im Glaubensgehorsam nachfolgt, sein Wort hört und tut und bei ihm bleibt, auch in Not und Verfolgung, bis hin zum Tod. Die das aus dem Wort Gottes wissen und den Weg der Nachfolge gehen, haben gegen alle Erfahrung in ihrer Lebenswirklichkeit keinen Grund zur Verzagtheit, Trauer oder Furcht, sondern zu Hoffnung und Freude.

Wiederholung der Textlesung

Gebet

Herr Jesus Christus, Sohn Gottes, unser Heiland, durch dein Wort öffnest du uns den Weg zu der Seligkeit des Reiches Gottes, die denen verheißen ist, die an dich glauben. Wir danken dir und preisen dich.

Wir bitten dich, laß diesen Glauben durch dein Wort in uns kräftig werden, daß wir in getroster Zuversicht uns freuen und mit frohem Jubel dich preisen.

Gib, Herr, daß die Größe deiner Liebe und der Ernst deines Gerichts alle Menschen zu Umkehr, Vergebung und Erneuerung führt, zu denen du diese Botschaft in alle Welt sendest.

Bitten / Fürbitten...

»Ich glaube, Herr, hilf meinem Unglauben« (Mk 9,24). Amen.

Die ersten drei Seligpreisungen

Matthäus 5,3–5

3 »Selig sind, die da geistlich arm sind; denn ihrer ist das Himmelreich.
4 Selig sind, die da Leid tragen; denn sie sollen getröstet werden.
5 Selig sind die Sanftmütigen; denn sie werden das Erdreich besitzen.«

In jeder Seligpreisung werden die Hörenden auf das angesprochen, was sie sind, was sie erleiden und was sie tun. Jedesmal folgt darauf eine Verheißung mit einem begründenden ‚denn'. Während im ersten Satzteil der Mensch das Subjekt ist, muß für den zweiten Satzteil Gott als Subjekt gedacht werden, auch wenn der Name Gottes niemals genannt wird. Daß aber Gott hier am Menschen handelt, ergibt sich einerseits aus dem Passiv, und es ist andererseits daran zu erkennen, daß durchgehend Anspielungen auf alttestamentliche Verheißungen aufgenommen werden. Auf die Erfüllung der schriftlichen Zusage kommt es an. Auf diese Weise wird dann die erfahrene oder auch erlittene Wirklichkeit im Lichte der Zusage Gottes gesehen. Gott, der mit dem Kommen seines Reiches Richter und Retter ist, hat zugesagt, daß er zurechtbringen wird, was in dieser Welt und bei den Menschen nicht in Ordnung ist. So geht es bei allen Seligpreisungen darum, in der Gegenwart die Zukunft Gottes zu erkennen und daran festzuhalten. Das Wort des

Herrn macht auf diese Weise die erfahrene Wirklichkeit durchsichtig für das noch verborgene Wirken Gottes. Deshalb ist bei der Auslegung auch immer wieder auf das Gesamtzeugnis der Schrift als Grundlage für die Erkenntnis des gegenwärtigen und des zukünftigen Handeln Gottes zu achten.

Die erste Seligpreisung

Wer, was und wie sind die »geistlich Armen«? Man kann sich vieles darunter vorstellen, was mit sozialer Stellung, Intelligenz, aber auch mit göttlichen Gaben zu tun hat. Das Verständnis klärt sich, sobald wir erkennen und bekennen: Es geht um mich, das bin ich, dem alle Voraussetzungen für das Reich Gottes fehlen und damit alles, was man unter Menschen damit verbindet oder dafür fordert.

Die biblischen Anspielungen zu den »geistlich Armen« führen in den Vollzug von Gebet und Bekenntnis sowie Zuspruch und Tröstung. Das wird uns in den Mund gelegt und ins Herz gegeben wie z.B. Ps 9,19 »denn er wird den Armen nicht für immer vergessen; die Hoffnung der Elenden wird nicht ewig verloren sein.« Zu denken ist auch an Ps 51, den vierten Bußpsalm: »Schaffe in mir, Gott, ein reines Herz, und gib mir einen neuen, beständigen Geist. Verwirf mich nicht von deinem Angesicht, und nimm deinen heiligen Geist nicht von mir. Erfreue mich wieder mit deiner Hilfe, und mit einem willigen Geist rüste mich aus ... Die Opfer, die Gott gefallen, sind ein geängsteter Geist, ein geängstetes, zerschlagenes Herz wird du, Gott, nicht verachten« (Ps 51,12–14.19). Weiter ist zu erinnern an Jes 57,15: »Denn so spricht der Hohe und Erhabene, der ewig wohnt, dessen Name heilig ist: Ich wohne in der Höhe und im Heiligtum und bei denen, die zerschlagen und demütigen Geistes sind, auf daß ich erquicke den Geist der Gedemütigten und das Herz der Zerschlagenen.«

Wenn der erste Teil dieser Seligpreisung Einweisung in Gebet und Bekenntnis ist, so erschließt sich die Zusage im zweiten Teil aus der Stelle Jes 61,1, die der Text von Jesu Antrittspredigt in der Synagoge seiner Heimatstadt Nazareth ist: »Der Geist des Herrn ist auf mir, weil der Herr mich gesalbt hat. Er hat mich gesandt, den Elenden gute Botschaft zu bringen, die zerbrochenen Herzen zu verbinden, zu verkündigen den Gefangenen die Freiheit, den Gebundenen, daß sie frei und ledig sein sollen, zu verkündigen das Gnadenjahr des Herrn ... Heute ist dieses Wort der Schrift erfüllt vor euren Ohren« (Lk 4,16ff).

Die »geistlich Armen« sind diejenigen, an denen sich die Verheißung Gottes erfüllt. Wir werden auch erst durch dieses Wort erkennen, was wir sind und wie es um uns steht. »Denn ihrer *ist* das Himmelreich«, und zwar gegenwärtig mit dem, der in seinem Wort zu uns spricht, Jesus Christus, der Sohn Gottes.

Die zweite Seligpreisung

Auch das Leid der Leidtragenden kann vieles aus menschlicher Erfahrung in sämtlichen Lebensbereichen umfassen, aber das muß nicht alles ausgebreitet werden, wo es doch von Gottes Zuspruch umfaßt und aufgehoben werden soll. Wir denken vielleicht auch daran, daß es nach 2.Kor 7,8–11 Leid und Traurigkeit nach Gottes Willen zur Seligkeit gibt im Unterschied zu Leid und Traurigkeit der Welt, die den Tod wirkt.

Ein Beispiel für den göttlichen Trost ist Ps 126: »Wenn der Herr die Gefangenen Zions erlösen wird, so werden wir sein wie die Träumenden ... die mit Tränen säen, werden mit Freuden ernten ...« (Ps 126,1.5). So werden Leid und Klage unter dem himmlischen Trost zur Sprache gebracht.

»Sie sollen (bzw. werden) getröstet werden« – was nach der Wortform zukünftig ist, ist nach der Sache unbedingt gewiß, weil ja Gott selbst der Tröstende ist. Das verweist auf Person und Werk des heiligen Geistes, der daher auch ausdrücklich als Tröster (Joh 14,16.26; 15,26; 16,7; 2.Kor 1,3–7) mit der weiteren Bedeutung von Beistand, Mahner und Anwalt (Paraklet) bezeichnet wird.

So dringt auch mit dieser Seligpreisung im Wort Jesu das Licht der Ewigkeit durch die Tränenschleier menschlichen

Leids, und deshalb sollen und werden, wie es Lk 6,21 heißt, die jetzt Weinenden dereinst lachen, denn »Gott wird abwischen alle Tränen von ihren Augen« (Offb 7,17; 21,4).

Die dritte Seligpreisung

Sanftmut oder Demut ist eine nicht nur vergessene, sondern oft auch verachtete Tugend, weil man damit in der Wirklichkeit des Lebens offenbar nicht bestehen kann und es zu nichts bringt. Wie bei den vorangehenden Seligpreisungen wäre gerade hier zu erwägen, ob Sanftmut und Demut überhaupt eine selbstgewählte Einstellung ist oder nicht vielmehr eine Lebenslage, in der man sich befindet oder in die man gerät. In jedem Fall aber gehört sie zur Jüngerschaft und zum Reich Gottes (vgl. Mt 18,4).

Um so massiver ist die verheißene Tat Gottes: »Sie werden das Erdreich besitzen«. Die Verheißung an Abraham (1. Mose 22,15–18, vgl. Röm 4,13) und die Landverheißung für das Volk des alten Bundes in der ägyptischen Knechtschaft und während der vierzigjährigen Wüstenwanderung wird in Erinnerung gerufen. Was dem Volk des alten Bundes zugesagt wurde, ist Anschauung für die Erfüllung im neuen Bund: »Aber die Elenden werden das Land erben und ihre Freude haben an großem Frieden« (Ps 37,11).

»Das Erdreich besitzen« heißt in genauerer Übersetzung: »Sie werden das Land erben«; das ist in dem Bund Gottes mit seinem Volk eingeschlossen und verweist zugleich auf das Verhältnis des Vaters zu seinen Kindern, wenn sie in die Besitzrechte des Vaters eintreten. Es erinnert uns an Gal 4,1ff. Beim Erbe gilt in der Gegenwart rechtlich, was sich im Erbgang erst erfüllen wird. So ist gerade in dieser Seligpreisung für die Sanftmütigen und Demütigen gut zu erkennen, wie durch die Zukunftsform der Verheißung die Gegenwartslage durch die Gotteskindschaft aufgedeckt wird.

»Geistlich arm«, »leidtragend«, »sanftmütig« – in allen drei Fällen geht es um Verfassung und Zustand von solchen, denen die Seligkeit vom Herrn zugesprochen wird. Durch das Wort der Verheißung aber erscheint die Gegenwart im Lichte der zukünftigen Tat Gottes, und deshalb gilt schon jetzt, daß wir das Reich Gottes haben, seinen Trost als die Kinder Gottes in Jesus Christus, dem Sohn Gottes.

Wiederholung der Textlesung

Gebet

Herr himmlischer Vater, in der Armut unseres Geistes und mit dem Leid, das uns bewegt, treten wir in Demut vor dich, weil du uns als deine Kinder angenommen hast. Wir bitten dich, erfülle an uns, was du uns in dem Wort deines Sohnes zugesagt hast, daß wir die Gegenwart deines Reiches erkennen, daß wir den Trost deines Geistes empfangen und dereinst Erben des ewigen Lebens werden nach unserer Hoffnung (Tit 3,7; vgl. Hebr 9,15f).

Bitten / Fürbitten...

»Verwirf mich nicht von deinem Angesicht, und nimm deinen heiligen Geist nicht von mir. Erfreue mich wieder mit deiner Hilfe, und mit einem willigen Geist rüste mich aus« (Ps 51, 13–14). Amen.

Die anderen drei Seligpreisungen

Matthäus 5,6–8

6 »Selig sind, die da hungert und dürstet nach Gerechtigkeit; denn sie sollen satt werden.

7 Selig sind die Barmherzigen; denn sie werden Barmherzigkeit erlangen.

8 Selig sind, die reinen Herzens sind; denn sie werden
Gott schauen.«

Wenn die ersten drei Seligpreisungen in ihrem ersten Teil jeweils auf menschliche Lebenslagen abheben, dann läßt sich für
die vierte und fünfte sagen, daß es hier um die Erneuerung des
Menschen in seinem Herzen geht. Von hier aus wird der Blick
dann auf das Streben nach Gerechtigkeit sowie auf die Tat der
Barmherzigkeit gelenkt. Die sechste Seligpreisung mit der
Reinheit des Herzens aber ist der Schlüssel zu dem, was in dieser zweiten Dreiergruppe zu bedenken ist.

Die vierte Seligpreisung

Hungern und Dürsten ist nicht etwas Willkürliches, sondern
die Folge von Mangel, wie das einen Menschen gerade in einer
heißen Wüstengegend sehr leicht überfallen kann. Israels Wüstenwanderung liefert dafür das Anschauungsmaterial (2.Mose 16
und 17; 4.Mose 20). Wen also nach Gerechtigkeit hungert und

dürstet, der ist nicht ein Mensch guter Vorsätze im strebenden Bemühen, sondern ihm fehlt, was er zum Leben braucht, er ist am Verhungern und Verdursten.

Die verheißene Sättigung geschieht von Gott durch Speise und Trank, und dabei ist nicht nur an einen Notbehelf zu denken, sondern wir sollen mit fester Zuversicht darauf vertrauen: Gott wird das tun.

Verstehen kann das nur, wer wirklich Hunger und Durst leidet, sich das also nicht nur einbildet und vorstellt. Dann versteht man auch, warum im Rückblick auf die Wüstenwanderung Israels die Erfüllung der Zusage Gottes als Sättigung beschrieben wird, z.B. Ps 36,8f: »Wie köstlich ist deine Güte, Gott, daß Menschenkinder unter dem Schatten deiner Flügel Zuflucht haben! Sie werden satt von den reichen Gütern deines Hauses, und du tränkst sie mit Wonne wie mit einem Strom. Denn bei dir ist die Quelle des Lebens und in deinem Lichte sehen wir das Licht« (Vgl.Ps 22,27; 5.Mose 6,11 u.a.).

Im Neuen Testament wird die Verbindung zwischen der Sättigung auf der Wüstenwanderung Israels mit Taufe und Abendmahl als Typos in Erinnerung gebracht (1.Kor 10,1–13), und Joh 6,35 verweist Jesus in dem Gespräch nach der Speisung der Fünftausend und dem Wandeln auf dem See auf sich selbst: »Ich bin das Brot des Lebens. Wer zu mir kommt, den wird nicht hungern; und wer an mich glaubt, den wird nimmermehr dürsten.« Joh 4,13ff offenbart sich Jesus selbst der Samariterin mit den Worten: »Wer von diesem Wasser trinkt, den wird wieder dürsten. Wer aber von dem Wasser trinken wird, das ich ihm gebe, den wird in Ewigkeit nicht dürsten, sondern das Wasser, das ich ihm geben werde, das wird in ihm eine Quelle des Wassers werden, das in das ewige Leben quillt.« Die Offenbarung des Johannes öffnet den Blick auf den Zustand der Vollendeten vor Gott, und dann heißt es von ihnen: »Sie wird nicht mehr hungern noch dürsten; es wird auch nicht auf sie fallen die Sonne oder irgendeine Hitze; denn das Lamm mitten auf dem Thron wird sie weiden und leiten zu den lebendigen Wasserbrunnen« (Offb 7,16f).

Die Erfüllung dieser Verheißung ist durch Christus und in ihm gegeben.

Die fünfte Seligpreisung

Bei der fünften Seligpreisung fällt auf, daß ihre beiden Teile mit einer Gegenüberstellung von menschlichem und göttlichem Tun von Barmherzigkeit sprechen. Barmherzigkeit, Erbarmen, wie übrigens auch Gnade, hat in der ursprünglichen Bedeutung des Wortes mit Gericht zu tun. Die Zusage: »Sie werden Barmherzigkeit erlangen« betrifft das Gerichtsverfahren und die Rettung vor einer Verurteilung im Endgericht vor Gott (vgl.Mt 18,21–35; Jak 2,12–13). Jesu Gleichnis vom Schalksknecht, dem von seinem Herrn alle Schulden von immerhin zehntausend Pfund (im Griechischen: »Talente«) auf seine Bitte erlassen werden, der aber dann seinen Mitknecht, der ihm lediglich hundert Silbergroschen schuldet, unerbittlich und erbarmungslos quält und einsperrt, macht die Entsprechung von göttlicher und menschlicher Barmherzigkeit anschaulich und zeigt damit, was im Reich Gottes gilt.

Erbarmen heißt im Vollzug auch Vergebung, und zwar dort, wo nach geltendem göttlichen Recht und Gesetz die Strafe verwirkt ist. Hebr 2,14–18 verweist uns auf den barmherzigen Hohenpriester Christus, der vor Gott an unsere Stelle tritt, »zu sühnen die Sünden des Volks. Denn worin er selber gelitten hat und versucht ist, kann er denen helfen, die versucht werden.«

Die Größe göttlichen Erbarmens zeigt sich für uns wohl auch in unserer so alltäglichen Unerbittlichkeit gegenüber denen, die an uns in Kleinigkeiten schuldig werden.

Die sechste Seligpreisung

Da das »reine Herz« als Redewendung bis zur Karikatur abgegriffen ist, tritt die Größe der sechsten Seligpreisung wohl erst in den Blick, wenn wir im Ernst bedenken, was es heißt, daß die, »die reines Herzens sind«, »Gott schauen werden«. Der sündige Mensch kann vor Gottes Angesicht nicht bestehen, sondern er muß sterben, wie das vielfach im Alten und Neuen Testament bezeugt wird (2.Mose 33,20; Jes 6,1ff; 2.Kor

3; 1.Tim 6,16 u.a.). Allem leichtfertigen Reden von Gott und Gottesbildern wird damit ein Riegel vorgeschoben, denn der lebendige, wahre Gott ist für den sterblichen, sündigen Menschen nach dem Sündenfall vernichtend in seiner Macht und Herrlichkeit. Gott zu schauen aber ist die Verheißung ewiger Seligkeit: »Ich aber will schauen dein Antlitz in Gerechtigkeit, ich will satt werden, wenn ich erwache, an deinem Bilde« (Ps 17,15). Gott schauen ist eine unvergleichliche und unbeschreibliche Schönheit, wie sie z.B. 2.Mose 24,9ff Mose, Aaron und den siebzig Ältesten auf dem Sinai gezeigt wird: »... und (sie) sahen den Gott Israels. Unter seinen Füßen war es wie eine Fläche von Saphir und wie der Himmel, wenn es klar ist. Und er reckte seine Hand nicht aus wider die Edlen Israels.«

Was aber ist dann das reine Herz? Im biblischen Verständnis ist das nicht nur Gefühl oder Gesinnung, sondern das Zentrum leiblicher und seelischer Existenz, mithin der Inbegriff von allem, was ein Mensch ist, was er tut, was er denkt und fühlt. Das umschließt insgesamt sein Verhältnis zu Gott mit der prüfenden Frage, woran denn unser Herz hängt, worauf es sich verläßt und wovor es sich fürchtet.

Reinen Herzens sein heißt daher, daß das Herz, entsprechend Glaube und Liebe, »ungefärbt« ist (vgl.1.Tim 1,5; 2.Tim 1,5; 2.Kor 6,6; 1.Petr 1,22), daß es nicht etwa »falsch« bzw. »geteilt« ist (Hos 10,2; 1.Kön 15,3. 14) oder auch »verstockt« (vgl. Ps 95,8; Röm 1,21 u.a.m.). Die Beschaffenheit des Herzens steht für die Beschaffenheit des Glaubens (vgl. Ps 147,3; 51,19; 24,4; 73,1). Deshalb gehören auch reines Herz und gutes Gewissen zusammen (1.Tim 1,5), und das hat schließlich mit der Gabe und Wirkung der Taufe zu tun (1.Petr 3,21).

Schließlich zeigt sich an dieser Totalbestimmung des Menschen und des Menschlichen durch das Herz in seiner Stellung vor Gott, daß dieses Herz doch wohl nie anders zum Gegenstand seiner selbst werden kann außer durch das Wort Gottes selbst, das zu ihm und in ihm spricht und damit zugleich an ihm erneuernd und rettend handelt. Dies führt nach dem Wort Gottes wiederum in das Gebet: »Schaffe in mir, Gott, ein reines Herz, und gib mir einen neuen beständigen Geist. Verwirf mich nicht von deinem Angesicht, und nimm deinen heiligen Geist nicht von mir ...« (Ps 51,12f).

Der Neue Bund besteht in der Erfüllung der Verheißung des Alten Bundes, wenn es 2.Kor 3,3 mit Erinnerung an Hes 11, 19; 36,26; Jer 31,33f heißt: »Ist doch offenbar geworden, daß ihr ein Brief Christi seid, durch unseren Dienst zubereitet, geschrieben nicht mit Tinte, sondern mit dem Geist des lebendigen Gottes, nicht auf steinerne Tafeln, sondern auf fleischerne Tafeln, nämlich eure Herzen...« Dem neuen, von Gott gegebenen fleischernen Herz ist das Gesetz eingeschrieben. Es steht nicht daneben, sondern befindet sich in ihm.

Mit dieser Einsicht ist es gut möglich, die zweite Dreiergruppe der Seligpreisungen unter dem zusammenzufassen, was die Gabe und Wirkung des in Christus begründeten Neuen Bundes ausmacht: Die Sättigung der nach Gerechtigkeit Hungernden und Dürstenden mit dem lebendigen Wasser und dem Lebensbrot, das Christus ist und gibt, die Barmherzigkeit im Gericht durch Christus, den Hohenpriester, der zugleich für uns das Opfer ist, und schließlich die Erneuerung des Herzens zur Erkenntnis der Herrlichkeit Gottes im Angesicht Jesu Christi (2.Kor 4,6). Alles setzt uns in die Gemeinschaft mit Gott, wie sie durch Jesus Christus verkündigt und geschenkt wird.

Wiederholung der Textlesung

Gebet

»Dein Wort ward meine Speise, so oft ich's empfing, und dein Wort ist meines Herzens Freude und Trost; denn ich bin ja nach deinem Namen genannt, Herr, Gott Zebaoth« (Jer 15,16).

Bitten/Fürbitten...

So führe uns durch dein Wort durch diese Zeit, bis wir dich schauen von Angesicht zu Angesicht in Ewigkeit. Amen.

Die letzten drei Seligpreisungen

Matthäus 5,9–12
Lukas 6,22–23

9 »Selig sind die Friedfertigen; denn sie werden Gottes
Kinder heißen.
10 Selig sind, die um der Gerechtigkeit willen verfolgt werden; denn ihrer ist das Himmelreich.
11 Selig seid ihr, wenn euch die Menschen um meinetwillen
schmähen und verfolgen und reden allerlei Übles gegen
euch, wenn sie damit lügen.
12 Seid fröhlich und getrost; es wird euch im Himmel reichlich belohnt werden. Denn ebenso haben sie verfolgt die
Propheten, die vor euch gewesen sind«.

Die letzte Dreiergruppe der Seligpreisungen hat als verbin-
dendes Thema das Verhältnis zu den anderen Menschen, und
dabei fällt auf, wie der Seligpreisung für die Friedfertigen oder
Friedensstifter in scharfem Gegensatz die Seligpreisung für
Verfolgung und Schmach in der Nachfolge Christi folgt. Damit ist bereits angedeutet, daß diese Friedfertigkeit und der
Friede, um den es hier geht, nicht Frieden als Erfolg christlichen Handelns versteht, sondern die Verfolgung wird angesagt, und von der nun ausdrücklich erwähnten Belohnung
heißt es in wörtlicher Übersetzung: »Der Lohn wird groß sein
in den Himmeln«. Damit zeigt sich wiederum, daß alles auf die
in Christus begründete und durch ihn erschlossene Beziehung
von Gott und Mensch ankommt. Das ist weder Bewußtsein als

Innerlichkeit noch allein Mitmenschlichkeit, sondern Reich und Herrschaft Gottes.

Die siebte Seligpreisung

Nicht zufällig entzündet sich an Krieg und Frieden der Gegensatz von wahrer und falscher Prophetie, und die alten Beispiele wie 1.Kön 22,5ff; Mich 3; Jer 6; 14,11ff; 28; Hes 13; 1.Thess 5, 1–3 u.a. haben eine bleibende und grundsätzliche Bedeutung. Denn Friede als Heil und Wohlbefinden gehört zu den menschlichen Grundbedürfnissen, auf die Menschen in dem Maße ansprechbar sind, wie sie davon abhängig und darauf angewiesen sind. Wer hier nicht einstimmt und zustimmt, dem geht es, wie diese Beispiele aus der alttestamentlichen Prophetie und in der Ankündigung der Endzeit zeigen, nicht nur an den Kragen, sondern unter Umständen ans Leben.

Gerade wo sich in dieser Weise menschliche Bedürfnisse als Macht erweisen, müssen wir auf das Wort des Herrn hören, mit dem das Friedenstiften nicht einen universalen Frieden als Erfolg, sondern die Gotteskindschaft als zukünftige Verheißung hat. Gotteskindschaft aber ist, wenn wir auf 1.Joh 3, 1ff sehen, sowohl eine Bezeichung wie ein Zustand: »...daß wir Gottes Kinder *heißen* sollen – und wir *sind* es auch!« Das Zeichen dafür ist nach Röm 8,14ff, vgl. Gal 4,1ff die Gabe des Geistes, der sich in der Anrede Gottes als des Vaters manifestiert. Damit aber tritt die Entsprechung ähnlich wie bei der Barmherzigkeit in der fünften Seligpreisung hervor, daß dieser Friede, um den es geht, auf die Versöhnung mit Gott in Christus, der selbst unser Friede ist (Eph 2,14ff), bezogen ist und in ihm seinen Grund hat, ein Friede, der wahrlich »höher ist als alle Vernunft« (Phil 4,7).

Wenn jedoch der Friede von der Versöhnung mit Gott durch Jesus Christus abgelöst wird, dann verliert er sein Wesen als Gabe der Erneuerung aus dem heiligen Geist, und er verliert sich in der Befriedigung menschlicher Bedürfnisse und in den Interessen politischer Richtungen. Es mag dann schon eine prüfende Frage an uns selbst sein, wie sich eine allgemeine

Friedensbewegtheit zu dem Friedenstiften und zur Versöhnung in den alltäglichen Verhältnissen unseres menschlichen Zusammenlebens verhält.

Die achte und neunte Seligpreisung

Ob man, nicht zuletzt um bei einer Siebenzahl zu bleiben, die achte und neunte Seligpreisung als eine Art Anhang und Zusammenfassung versteht, trägt wenig aus. Wohl aber wird für die Stellung der Gemeinde zur Welt bei aller Friedfertigkeit nicht der Friede als Erfolg, sondern die Verfolgung angesagt, und zwar »um meinetwillen«, oder, wie es Lk 6,22 ausführlicher heißt: »...wenn euch die Menschen hassen und euch ausstoßen und schmähen und verwerfen euren Namen als böse um des Menschensohnes willen.« Verfolgung, Schmähung, unbegründete üble Nachrede, und das alles berührt nun einmal die Sicherheit leiblicher Existenz ebenso wie die seelische Bedrückung, also alles, was nicht nur das Ansehen vernichten, sondern auch das Leben zerstören kann und was wir daher als Menschen tunlichst zu meiden und zu fliehen suchen.

Daß Vers 12 an das Beispiel der Propheten erinnert wird, bestätigt noch einmal die Auslegung der vorangehenden Seligpreisung. Was den Propheten des alten Bundes widerfuhr, setzt sich fort bei den Nachfolgern Christi. Die Folge der Verkündigung und Erwartung des Reiches Gottes ist die Verfolgung durch die Herrschaft dieser Welt. Auch das gehört zum Glauben an Jesus Christus.

Mit aller Schärfe bricht unter diesen beiden Seligpreisungen der scharfe, enttäuschende, ja dann auch unter Umständen schmerzliche Gegensatz zwischen Reich Gottes und Reich der Welt, zwischen menschlichem und göttlichem Gericht, zwischen Erfolg und Ansehen bei Menschen und Lohn von Gott auf, und das hat grundlegende Bedeutung für das Verständnis der ganzen weiteren Bergpredigt. Denn das Wort aus dem Mund Jesu »Selig sind« wird nun im Zuspruch »Selig seid ihr« zum Grund getroster Freude im Blick auf den verheißenen himmlischen Lohn. Dieser Lohn aber, und das muß gegenüber vielen Mißverständnissen klargemacht werden, ist nicht unser Verdienst, sondern etwas, was der Herr uns zugesagt hat. Das Gleichnis von den Arbeitern im Weinberg (Mt 20,1–16) lehrt uns, wie dieser himmlische Lohn nicht nach Zeit und Arbeitsleistung, sondern nach der Zusage des Herrn berechnet wird und für alle in gleicher Weise gilt.

Lohn ist in der Bergpredigt ein häufiges Wort, das einen wichtigen Sachverhalt bezeichnet, der sich aus den Seligpreisungen erschließt. Das von Jesus angekündigte Reich Gottes ist der Lohn, und die Nachfolger Jesu, die sein Wort hören, werden von ihm jetzt schon selig genannt, weil sie schon jetzt zu diesem Reich gehören. Deshalb steht die Verheißung am Ende der Seligpreisungen ebenso wie an ihrem Anfang in der Zeitform der Gegenwart: »Denn ihrer *ist* das Himmelreich«. Weil wir das als Jünger Jesu im Wort hören, im Herzen wissen und im Glauben haben, deshalb braucht uns nichts zu befremden, was in dieser Welt dem Reich Gottes noch fremd entgegensteht. Selig ist, wer in der Gemeinschaft mit Jesus Christus aus dem kommenden Gericht Gottes gerettet ist, und der braucht sich dann auch nicht mehr vor dem Gericht und der Verfolgung von Menschen zu fürchten.

In allem Befremdlichen, das ihr begegnet, wird das der christlichen Gemeinde immer wieder tröstend und ermutigend zugerufen: »Und wer ist's, der euch schaden könnte, wenn ihr dem Guten nacheifert? Und wenn ihr auch leidet um der Gerechtigkeit willen, so seid ihr doch selig. Fürchtet euch nicht vor ihrem Drohen und erschreckt nicht; heiligt aber den Herrn Christus in euren Herzen. Seid allezeit bereit zur Verantwortung vor jedermann, der von euch Rechenschaft fordert über die Hoffnung, die in euch ist, und das mit Sanftmut und Gottesfurcht, und habt ein gutes Gewissen, damit die, die euch verleumden, zuschanden werden, wenn sie euren guten Wandel in Christus schmähen« (1.Petr 3,13–16).

So ist die ganze weitere Bergpredigt eine tröstende und mahnende Erinnerung an das, was für die zum Reich Gottes Erwählten und aus dem Gericht durch den Sohn Gottes Gerechten schon jetzt gilt.

Wiederholung der Textlesung

Gebet

Herr, unser Friede, du verheißt Leben und ewige Seligkeit denen, die um deinetwillen verfolgt und geschmäht werden. Wir bitten dich, stärke und erhalte unseren Glauben, daß wir dir in getroster Freude gehorsam nachfolgen, um dereinst den Lohn zu empfangen, den du uns zugesagt hast.

Bitten / Fürbitten...

»Ich selbst werde ihn sehen, meine Augen werden ihn schauen, aber nicht als Fremden. Danach sehnt sich mein Herz in meiner Brust« (Hiob 19,27). Amen.

Weltverantwortung der Verfolgten

Matthäus 5,13–16

13 »Ihr seid das Salz der Erde. Wenn nun das Salz nicht mehr salzt, womit soll man salzen? Es ist zu nichts mehr nütze, als daß man es wegschüttet und läßt es von den Leuten zertreten.

14 Ihr seid das Licht der Welt. Es kann die Stadt, die auf einem Berge liegt, nicht verborgen sein.

15 Man zündet auch nicht ein Licht an und setzt es unter einen Scheffel, sondern auf einen Leuchter; so leuchtet es allen, die im Hause sind.

16 So laßt euer Licht leuchten vor den Leuten, damit sie eure guten Werke sehen und euren Vater im Himmel preisen.«

Nach der Verfolgung der Christen *durch* die Welt ist nun in direktem Gegensatz von der Verantwortung gerade dieser Verfolgten *für* die Welt die Rede. Der Horizont greift weit aus: Das Salz der *Erde*, das Licht der *Welt*. In beiden Fällen betont der bestimmte Artikel für das Salz und das Licht die Notwendigkeit und die Ausschließlichkeit. Es handelt sich also nicht nur um ein Bild, das als Vergleich verständlich macht, sondern um das, worauf es beim Salz für die Erde und beim Licht für die Welt ankommt. Dasselbe gilt für einen Leuchter, der *allen*, die im Hause sind, leuchtet.

Aber auch der Grund für diese universale, kosmische Verantwortung wird angesprochen: Es geht um den »Vater im Himmel«, den die Menschen preisen sollen.

Die zwei oder drei kurzen Gleichnisse machen etwas im Bild anschaulich, was nicht Ziel des Handelns in der Befehlsform ist, sondern Beschreibung eines Sachverhalts. Es heißt nicht: »Ihr sollt sein«, sondern »ihr seid«. Darin wiederholt sich unmittelbar der Zuspruch: »Selig sind«, und so begründet das Wort des Herrn die Wirklichkeit der Jüngergemeinde und deckt sie im Gleichnis auf, das in seiner Form den Reich-Gottes-Gleichnissen ähnlich ist, soweit diese ebenfalls Unanschauliches aus dem Handeln Gottes im menschlichen Erfahrungsbereich anschaulich machen. Zugleich wird jeweils auf die an sich unmögliche Möglichkeit hingewiesen, daß etwas geschieht, was dem Wesen der Jüngerschaft widerspricht und deshalb die Wirkung aufhebt. Salz und Licht umschließen von vornherein das Lebensnotwendige, und zwar sowohl für das Leben der Menschen wie für die ganze Natur. »Nil sole et sale utilius« – »nichts ist nützlicher als Sonne und Salz«, so heißt es in der Naturgeschichte des Plinius (XXXI, 9).

Was zeigt nun das *Salz* als Wirkung und Bedeutung der Jünger Jesu für die Welt? Vielfältig ist der Gebrauch, um der Nahrung Geschmack zu geben, Ungenießbares genießbar zu machen und Verderbliches zu konservieren. In den biblischen Schriften finden sich zahlreiche Beispiele für die Verwendung, an die zu erinnern ist: Salz wird zu hygienischen und therapeutischen Zweken verwendet, z.B. bei Neugeborenen (Hes 16,4), weiter zur Konservierung von Lebensmitteln und Häuten sowie kultisch beim Opfer (2.Mose 30,35; 3.Mose 2,13; 2.Mose 43,24, wozu auch ein »Salzbund« zu rechnen ist, der 4.Mose 18,19; 2.Chr 13, 5; 3.Mose 2,13 erwähnt wird). Daher hatte auch der Jerusalemer Tempel auf der Nordseite eine besondere Salzhalle. Bis in die christliche Taufpraxis führt der auch in Luthers Taufbüchlein erwähnte Salzritus: »Accipe sal sapientiae in vitam aeternam« – »nimm hin das Salz der Weisheit zum ewigen Leben.« Diese Aufzählung ausgewählter Beispiele für Bedeutung und Gebrauch von Salz zeigt, in welcher Weise sämtliche Lebensbezüge umschlossen sind durch das, was damit gemeint ist.

Der Widerspruch mit dem kraftlosen, »salzlosen« oder »törichten« Salz (vgl. Mk 9,49f) verbindet das natürliche Wesen des Salzes mit seiner lebensnotwendigen Wirkung für die Erde. Es fehlt, was die Welt braucht, und das Nutzlose wird unter den Füßen der Menschen, die das gar nicht mehr wahrnehmen, zertreten. Anders: Eine Kirche, die in der Welt aufgeht, verliert ihre Bedeutung für die Welt.

Es mag gerade die Furcht vor der Verfolgung sein, daß der Unterschied zur Welt peinlich vermieden und die Anpassung gesucht wird. Doch wenn die Gemeinde auf diese Weise der Welt zu dienen meint, gibt sie ausgerechnet das auf, was dieser Welt dient.

Was zeigt das *Licht der Welt* mit der *Stadt auf dem Berge* und dem sprichwörtlichen *Licht unter dem Scheffel* für Wirkung und Bedeutung der Jünger Jesu für diese Welt?

Genau wie beim Salz umschließt auch das Licht sämtliche Lebensbereiche, das Menschliche wie das Göttliche. Mit der Erschaffung des Lichts und der Scheidung von Licht und Finsternis beginnt das Schöpferwerk und der erste Tag (1.Mose 1, 3), und dem entspricht die Neuschöpfung mit der Erleuchtung unseres Herzens »zur Erkenntnis der Herrlichkeit Gottes im Angesicht Jesu Christi« (2.Kor 4,6). Wenn Christus von sich selbst sagt: »Ich bin das Licht der Welt« (Joh 8,12; 9,5; 12,35), so wird dasselbe hier den Jüngern zugesagt: »Ihr seid das Licht der Welt«, und sie können daher auch als »Kinder des Lichts« angesprochen und daran erinnert werden, daß wir nicht mehr zur Nacht und Finsternis gehören, sondern für den kommenden Tag des Herrn bestimmt sind (1.Thess 5,1–11; Eph 5,8ff).

Licht ist also die erneuernde Gemeinschaft mit Gott in Jesus Christus, die ihren Grund im Wort Gottes hat und ihr Ziel in der Wiederkunft Christi. In dieser Weise wird die Gemeinde immer wieder ermahnt: »Tut alles ohne Murren und ohne Zweifel, damit ihr ohne Tadel und lauter seid, Gottes Kinder, ohne Makel mitten unter einem verdorbenen und verkehrten Geschlecht, unter dem ihr scheint als *Lichter in der Welt*, dadurch daß ihr festhaltet am Wort des Lebens, mir zum Ruhm am Tag Christi, so daß ich nicht vergeblich gelaufen bin noch vergeblich gearbeitet habe« (Phil 2,14–16).

Der Widerspruch, daß Salz nicht salzt und Licht nicht leuchtet, betrifft nicht nur das Verhalten, sondern das Wesen der Sache. Nicht indem die Jünger dieses oder jenes tun, sondern weil sie zu Christus gehören und auf sein Wort hören, sind sie das Salz der Erde und das Licht der Welt. Alle Unterweisung und Ermahnung zielt daher auch darauf, in dem zu bleiben, was der Herr an uns tut und was wir durch ihn sind, nicht aber in das zurückzufallen, was der alte Mensch in uns und um uns ist und tut.

So hebt der Widerspruch einerseits hervor, daß eine Stadt auf dem Berg nicht verborgen bleiben kann und daß es andererseits ebenso widersinnig wäre, ein Licht unter den Scheffel und nicht auf einen Leuchter zu setzen. In parallelen Wörtern wie Mk 4,21 und Lk 8,16 wird statt von »Scheffel« von einer »Bank«, wörtlich »Liege«, gesprochen, und damit ist nicht nur gemeint, was das Licht zudeckt, sondern auch, worauf man sich auszuruhen pflegt, wenn man schlafen will.

Die Unübersehbarkeit einer Stadt auf dem Berge hilft zur Orientierung in weglosem Gelände. Der Unsinn aber, ein Licht zu verhüllen, erinnert die Gemeinde daran, daß sie nicht etwa nur im Licht der Öffentlichkeit steht, sondern daß sie das Licht in der Finsternis der Welt ist. Nach ihrer Zahl mag mit diesen Bildern die Gemeinde im Verhältnis zur umgebenden Erde und Welt eine verschwindende Größe sein. Nach ihrer Wirkung jedoch ist sie unübersehbar und unersetzlich für diese Welt, auch wenn sie verachtet und verfolgt wird.

Damit wendet sich das Gleichnis aus der Anschaulichkeit der Bilder auf die Sichtbarkeit der guten Werke, in denen sich die Jüngerschaft manifestiert. Mit allem Nachdruck und ohne die üblichen Vorbehalte und Einwände ist an dieser Stelle von den guten Werken in ihrer Sichtbarkeit und Bedeutung zu reden, deren inhaltliche Bestimmung in der Fortsetzung der Unterweisung des Herrn nach Gottes Gebot folgt.

Die Menschen aber, die diese guten Werke sehen, sollen nicht den Christen Beifall spenden, sondern den »Vater im Himmel preisen«. Daß er darin erkennbar ist, indem er bezeugt wird, macht deutlich, wie Glaube und Werke überhaupt nicht voneinander getrennt und unterschieden sein können, gerade auch, wo die Werke der Gerechtigkeit bei Menschen u.U. überhaupt nicht auf Anerkennung rechnen können, zumal wenn diese ablehnen, was Gottes Wort fordert.

Die wirksame Wesensbestimmung der Jüngerschaft als ‚Salz der Erde', als ‚Licht der Welt'und als ‚Stadt auf dem Berge' zeigt schließlich auch, daß diese Weltverantwortung nicht darin besteht, diese Welt zu verändern oder das ihr von Gott bestimmte Ende aufzuhalten. Die Verkündigung des Reiches Gottes zielt vielmehr darauf, daß die dazu Erwählten aus dieser Welt gerufen und auf das Kommen dieses Reiches vorbereitet werden: »Wir warten aber auf einen neuen Himmel und eine neue Erde nach seiner Verheißung, in denen Gerechtigkeit wohnt« (2.Petr 3,13; vgl. Jes 65,17; Offb 21).

Wiederholung der Textlesung

Gebet

Herr Jesus Christus, erfülle uns mit deiner Kraft und erleuchte uns mit deinem Licht, daß wir das Salz der Erde und das Licht der Welt sind. Laß unsere guten Werke nach deinem Wort sichtbar werden, daß sie den Vater im Himmel bezeugen, wie du ihn uns offenbart hast.

Bitten / Fürbitten…

Denn, Herr, wir sind dein »Werk, geschaffen in Christus Jesus zu guten Werken, welche du zuvor bereitet hast, daß wir darin wandeln sollen« (Eph 2,10). Amen.

Die Erfüllung des unveränderlichen und unvergänglichen Gesetzes Gottes durch den Sohn Gottes

Matthäus 5, 17–20

17 »Ihr sollt nicht meinen, daß ich gekommen bin, das Gesetz oder die Propheten aufzulösen; ich bin nicht gekommen aufzulösen, sondern zu erfüllen.

18 Denn wahrlich, ich sage euch: Bis Himmel und Erde vergehen, wird nicht vergehen der kleinste Buchstabe noch ein Tüpfelchen vom Gesetz, bis es alles geschieht.

19 Wer nun eines von diesen kleinsten Geboten auflöst und lehrt die Leute so, der wird der Kleinste heißen im Himmelreich; wer es aber tut und lehrt, der wird groß heißen im Himmelreich.

20 Denn ich sage euch: Wenn eure Gerechtigkeit nicht besser ist als die der Schriftgelehrten und der Pharisäer, so werdet ihr nicht in das Himmelreich kommen«.

Mit diesem Abschnitt endet der einleitende Teil der Bergpredigt, in dem grundlegende Bestimmungen gegeben werden: In den Seligpreisungen (Mt 5,1–12) wird zugesprochen und zugeeignet, was Gott tut und tun wird: Das Reich Gottes als himmlischer Lohn im Gegensatz zur erfahrenen Wirklichkeit. Das ist Grund für Trost und Freude.

In den Gleichnissen mit den Bildern von dem Salz der Erde und dem Licht der Welt geht es um die Wirkung des Vaters im Himmel durch seine Kinder in den guten Werken vor der Welt. Das ist das Lebenszeugnis der Jünger Jesu.

Dieser dritte Abschnitt nun führt uns zu dem Inhalt des Willens Gottes, zusammengefaßt in »Gesetz und Propheten«, und das betrifft zuerst die schriftliche Fixierung und Überlieferung von Gottes Wort.

Die Auslegung dieses Abschnitts ist zu allen Zeiten umstritten; denn er enthält wichtige Hinweise, die allerdings empfindliche Stellen in unserem Leben und Denken treffen können. Das aber ist der Tenor für die ganze weitere Gesetzesauslegung Jesu in der Bergpredigt.

So ist es gut, wenn wir zuerst und für alles weitere auf den Sohn Gottes blicken und hören, daß er zu uns spricht, die wir durch ihn zu Kindern Gottes geworden sind: »Ihr sollt nicht meinen, daß ich gekommen bin, das Gesetz oder die Propheten aufzulösen, sondern zu erfüllen.« »Auflösen« kann heißen, außer Kraft setzen oder auch verändern. »Erfüllen« kann heißen, daß im Gehorsam getan wird, was gefordert ist, und das ist in inhaltlicher Zusammenfassung von Gesetz und Propheten das Doppelgebot der Gottes- und Nächstenliebe (vgl. Mt 22,37–40; Mk 12,28–31; Lk 10,25–28). Es kann aber auch heißen, daß Christus durch sein Kommen erfüllt, was in Gesetz und Propheten verheißen ist, nämlich durch sein Leiden, Sterben und Auferstehen (vgl. Lk 24,13–48). Christus erschließt den Emmaus-Jüngern und darauf den übrigen Jüngern, was Mose und die Propheten sowie die Psalmen von ihm gesagt haben. Der die Schrift erfüllt, öffnet ihre Bedeutung und führt zum rechten Verstehen. So betrifft die Erfüllung durch Christus sowohl die Forderung des Gesetzes wie auch die Verheißung des Evangeliums. Beides ist daher festzuhalten, nämlich daß die Forderung des geschriebenen Wortes in Gesetz und Propheten ohne Veränderung bestehen bleibt und daß die darin schriftlich gegebene Verheißung durch den Sohn Gottes erfüllt wird in seiner Unterweisung wie auch in seinem Leiden, Sterben und Auferstehen. Es geht also hier und im weiteren um die sachliche und schriftliche Unveränderlichkeit des Wortes Gottes und um dessen ewige Geltung.

Wie das Wort Gottes zu verstehen ist oder wie die Gebote zu erfüllen sind, davon ist überhaupt nicht die Rede. Der entscheidende Gegensatz ist vielmehr: Erfüllung oder Nichterfüllung. Sobald wir jedoch anfangen, nach den Möglichkeiten des Verstehens und der Anwendung angesichts veränderter Verhältnisse zu fragen, bedeutet das im Grunde des Herzens immer nur ein Ausweichen vor der klaren Gehorsamsforderung und damit zugleich vor dem, was im Gericht Gottes und für das Reich Gottes in Lohn und Strafe steht. Die Maßstäbe für das Heil suchen wir dann im menschlichen Wohlbefinden und im Ansehen vor den Menschen, und damit ist dann schon aufgegeben, was in den Seligpreisungen verheißen wird. Darum kommt alles darauf an, daß wir unbeirrt auf den Sohn Gottes sehen und hören, der hier redet und handelt.

Auf dieser Grundlage ist nun weiter zu bedenken, mit welchem Gewicht die Unveränderlichkeit und Unvergänglichkeit des geschriebenen Wortes Gottes durch den Sohn Gottes begründet wird. Vers 18 beginnt im Griechischen mit: »Amen, nämlich ich sage euch...« (vgl. Mt 6,2; 8,10; 10,15. 23. 42). Das hebräische Wort »Amen«, verwenden wir ohne Übersetzung als Schluß unserer Gebete in der Gewißheit, daß Gott die Erhörung zugesagt hat (vgl. Mt 6,7–11). Dazu gehört auch, daß Christus selbst nicht nur die Zuverlässigkeit seines Wortes durch dieses »Amen« bestärkt, sondern die Bestätigung und Erfüllung aller Gottesverheißungen ist und deshalb auch »Amen« heißt (2.Kor 1,18–22; Offb 3,14).

Das Gesetz Gottes steht über Himmel und Erde genauso wie und weil Gott Himmel und Erde geschaffen hat und erhält. Damit ist alles ausgeschlossen, was man als geschichtliche Bedingtheit und Veränderung des Wortes Gottes verstehen mag; denn damit würde geradezu das Geschaffene in seiner Wandelbarkeit und Vergänglichkeit an die Stelle des Schöpfers und seines Willens gesetzt werden. Und der Mensch würde zum Gesetzgeber erhoben und an die Stelle Gottes gesetzt. Himmel und Erde werden vergehen; sie sind endlich. Der Wille Gottes aber bleibt unwandelbar bestehen, und zwar bis in den kleinsten Teil der schriftlichen Überlieferung des Jota als kleinsten Buchstaben und des Häkchens oder Tüpfelchens als Schriftzeichen (vgl. Lk 16,16–17; Mt 24,35). Das Wort Gottes, das aus der Ewigkeit kommt und in die Ewigkeit führt, umschließt also Himmel und Erde, damit den gesamten Kosmos.

So fallen an dieser Stelle wichtige und folgenreiche Entscheidungen für die gesamte christliche, d.h. in Christus offenbarte Weltanschauung. Denn das Wort Gottes ist dann nicht ein Produkt von Zeit und Geschichte, sondern es umschließt mit Himmel und Erde alles, was ist und geschieht, alles Werden und Vergehen. So ist das Wort Gottes mit dem Wesen und Wirken Gottes aufs engste verbunden.

Schließlich wird im folgenden Vers 19 unser Blick wiederum auf die Entscheidungen im göttlichen Endgericht gelenkt, und das betrifft das Urteil über die Lehrer und Verkündiger des Wortes Gottes. Das bezieht sich einerseits auf eine Veränderung des Wortlauts »von diesen kleinsten Geboten« und einer daraufhin so veränderten Lehre; und es bezieht sich andererseits auf das genaue Tun und Lehren, eine Entscheidung, auf die der Herr ausdrücklich am Schluß seiner Rede zurückkommt (Mt 7,21–23). Auf die Unveränderlichkeit des Wortes in Leben und Lehre aber bezieht sich die Proklamation im Urteil Gottes in einer abgestuften Wertung von »klein« und »groß« im Reich Gottes. Daraus erkennen wir, wie uns in dem schriftlichen Wort Gottes durch den Sohn Gottes in unserer Zeit und Geschichte der unveränderliche Maßstab für das Gericht Gottes in der Ewigkeit aufgedeckt wird. Auch das hat mit dem *Salz* der Erde und dem *Licht* der Welt zu tun.

Was von dem Gesetz Gottes, seiner Unveränderlichkeit und seiner Erfüllung durch den Sohn Gottes und seine Jünger gesagt wird, endet in einem Vergleich mit den »Schriftgelehrten und Pharisäern«, die nach Anspruch und Vorbild für die Sorgfalt von Überlieferung, Auslegung und Erfüllung des Wortes Heiliger Schrift stehen. Die so in ihrer Gerechtigkeit unübertrefflich sind, müssen übertroffen werden, denn sonst »werdet ihr nicht in das Himmelreich kommen«. Von einer Werkgerechtigkeit kann an dieser Stelle nur reden, wer den aus dem Blick verliert, der hier redet. Von Gesetzlichkeit im negativen Verständnis kann nur reden, wer die Erfüllung der Forderungen und der Verheißung des Gesetzes in Christus übergeht (vgl. Gal 3,19–4,11) und dann tatsächlich in das Unchristliche eines bloßen Moralismus ohne Gericht und Gnade gerät.

Die unveränderliche Geltung und Erfüllung der Gebote Gottes wird für Zeit und Ewigkeit mit größtem Nachdruck eingeschärft. Das kann durchaus abschreckend und beängstigend wirken, wenn wir auf uns selbst und auf die Menschen um uns blicken, wenn wir uns nach dem richten, was uns nützlich, möglich und notwendig scheint. In solcher Zurückhaltung oder auch im direkten Widerspruch ergibt sich aus dem Wort Gottes eine Prüfung für uns mit der Frage, ob wir uns nach Menschen richten, deren Gericht wir fürchten, oder ob wir uns nach dem Sohn Gottes richten, der uns aus dem Gericht Gottes retten will.

Der Weg Jesu Christi führt durch Leiden und Tod zur Auferstehung in die himmlische Herrlichkeit. Die einleitenden Abschnitte zur Bergpredigt, die wir bisher betrachtet haben, sind Einweisung in die Kreuzesnachfolge unseres Herrn. Der Sohn Gottes aber will seine Jünger den Weg zum Himmelreich führen, den er in seinem Wort zeigt und den er durch Kreuz und Auferstehung geöffnet hat.

Wiederholung der Textlesung

Gebet

Herr, durch dein Wort offenbarst du uns in dieser Zeit, was vor dir gilt in Ewigkeit. Wir bitten dich, erneuere unsere Herzen durch die Gabe deines Geistes; gib dein Gesetz in unser Herz und schreibe es in unseren Sinn (Jer 31,3), daß wir als deine Kinder in dein himmlisches Reich aufgenommen werden.

Bewahre die Deinen vor Irrtum und Verführung und erleuchte besonders Lehre und Leben der Diener deines Wortes.

Bitten / Fürbitten...

»Öffne mir die Augen, daß ich sehe die Wunder an deinem Gesetz« (Ps 119,18). Amen.

Du sollst nicht töten –
aber auch nicht zürnen und beschimpfen,
sondern dich versöhnen

Matthäus 5,21–26

21 »Ihr habt gehört, daß zu den Alten gesagt ist: (2. Mose 20,13; 21,12; 3. Mose 24,17; 5. Mose 5,17) ‚Du sollst nicht töten‘; wer aber tötet, der soll des Gerichts schuldig sein.

22 Ich aber sage euch: Wer mit seinem Bruder zürnt, der ist des Gerichts schuldig; wer aber zu seinem Bruder sagt: Du Nichtsnutz!, der ist des Hohen Rats schuldig. Wer aber sagt: Du Narr! der ist des höllischen Feuers schuldig.

23 Darum: Wenn du deine Gabe auf dem Altar opferst und dort kommt dir in den Sinn, daß dein Bruder etwas gegen dich hat,

24 so laß dort vor dem Altar deine Gabe und geh zuerst hin und versöhne dich mit deinem Bruder und dann komm und opfere deine Gabe.

25 Vertrage dich mit deinem Gegner sogleich, solange du noch mit ihm auf dem Weg bist, damit dich der Gegner nicht dem Richter überantworte und der Richter dem Gerichtsdiener und du ins Gefängnis geworfen werdest.

26 Wahrlich, ich sage dir: du wirst nicht von dort herauskommen, bis du auch den letzten Pfennig bezahlt hast.«

Der nun folgende Abschnitt Mt 5,21–48 ist in sechs Teile gegliedert, die als *Antithesen* bezeichnet werden. Das sind Entge-
gensetzungen, die jeweils durch Jesu Wort »ich aber sage
euch« (Mt 5,22.26.28.31.34.39) entstehen. Dies ist Ausdruck
der Vollmacht des Sohnes Gottes, der den Willen Gottes kennt
und erfüllt und ihn so offenbart als die bessere bzw. größere
Gerechtigkeit, ohne die man nicht in das Himmelreich kommt.
Der vorangehende Abschnitt in den Versen 17–20 gibt die
Richtung für das Verständnis an, wie ebenso der Schlußvers
46f die besondere Gerechtigkeit gegenüber der üblichen Moral
von Zöllnern und Heiden an der Vollkommenheit des Vaters
im Himmel ausrichtet. Die Gottessohnschaft Jesu Christi und
die durch ihn eröffnete Gotteskindschaft der Jünger ist daher
ein wesentliches Element dieser Antithesen.

Gleichzeitig aber werden wir bedenken müssen, daß sich
unter der Vollmacht Jesu und der Aufdeckung des ursprünglichen Willens Gottes die Antithese mit dem Widerspruch des
alten gegen den neuen Menschen in uns selbst wie auch im
Verhältnis der Gemeinde zu der sie umgebenden Welt melden
wird. Das ist für das Verständnis und für die Wirkung dieser
Worte festzuhalten. Was im Blick auf die »Alten« früherer
Zeiten gesagt wird, richtet sich also auch auf den »alten Menschen« in uns selbst (vgl. Eph 4,22).

Was aber ist der Inhalt der Antithesen? »Ihr habt gehört,
daß ,zu den Alten' – es kann auch heißen: ,von den Alten' – gesagt worden ist…« Durchweg geht es um Überlieferung,
Auslegung und Anwendung bzw. Erfüllung der Gebote Gottes,
wobei aus dem Dekalog das fünfte, sechste und achte Gebot
explizit erscheinen. Durchweg soll der ursprüngliche Sinn dieser Gebote wieder in Erinnerung gerufen werden. Die beiden
letzten Antithesen jedoch mit dem Verbot der Wiedervergeltung und dem Gebot der Feindesliebe sind kontradiktorisch,
indem die nach dem Gesetz des Mose mögliche begrenzte
Wiedervergeltung völlig verboten und die Feindesliebe geboten
wird.

Auf diese Weise betreffen die Antithesen 1–4 (Mt 5,21–42)
die Genauigkeit bei der Erfüllung der unveränderlichen Gebote Gottes bis ins kleinste, während es bei der fünften und

sechsten Antithese (Mt 5,43–48) um die »bessere Gerechtigkeit« geht.

Schließlich noch ein Hinweis zur Form dieser Gebote. Durchweg sind es *Verbote*, ebenso wie das auch beim Dekalog in der biblischen Formulierung (2.Mose 20; 5.Mose 5) der Fall ist. Es sind also nicht Handlungsanweisungen, um etwas zu erreichen oder Probleme zu lösen und Zustände herzustellen, sondern es geht darum, etwas zu verhindern, was wir als Menschen durchaus wollen und tun, was jedoch im mitmenschlichen Bereich Schaden bringt und was vor Gottes Gericht nicht bestehen kann, sondern Gottes Zorn verfällt. Hier ebenso wie an anderen Stellen des Neuen Testaments (vgl.Gal 5,21; 1.Kor 6,9; Eph 5,5) wird aufgedeckt, was vom Reich Gottes trennt. So geht es hier nicht um die Bedingungen, wie man das Reich Gottes erreicht oder gar herstellt, sondern es geht um die Grenze, an der man es verliert und wo Umkehr und Vergebung nötig sind; das gilt für Kinder Gottes. Wenn damit die Werkgerechtigkeit ausgeschlossen ist, nach der man meint, durch eigene Werke und nicht durch das Werk Christi aus dem Gericht Gottes gerettet zu werden, so ist doch nicht das Gericht nach den Werken ausgeschlossen, von dem in aller Deutlichkeit und mit allem Ernst zu reden ist.

Das wird in den sechs Antithesen konkret, und so wird jene Grenze um das Himmelreich erkennbar, die mitten durch uns hindurch geht und wo uns gezeigt wird, daß »Fleisch und Blut das Reich Gottes nicht ererben können« (1.Kor 15,50).

Darin aber liegen Sinn und Wirkung der Antithesen, daß sie für die Kinder Gottes und in ihnen diesen Gegensatz von Fleisch und Geist hervortreten lassen, der für die Reaktion des Fleisches zwar schmerzlich sein kann, der für die Zugehörigkeit zum Reich Gottes jedoch heilsam und rettend ist. Das ist das Ziel der Unterweisung des Sohnes Gottes.

Die erste Antithese: Das fünfte Gebot »Du sollst nicht töten« ist bekannt, und ausdrücklich wird die damit verbundene Sanktion der Todesstrafe erwähnt (2.Mose 21,12; 3.Mose 24, 17): Gericht heißt daher in diesem Fall Tod.

Der Gegensatz Jesu erweitert und vertieft den Geltungsbereich des Gebots auf den Zorn gegen den Bruder, und damit ist daher auch unmittelbar der Hinweis verbunden auf die gottesdienstliche Gemeinschaft vor dem Altar zur Versöhnung mit Gott (V. 23ff). Wenn wir gerne auf allgemeine Versöhnung und weltweite Friedfertigkeit ausweichen wollen, werden wir hier also unmittelbar an unseren Nächsten verwiesen.

Alltägliche Gefühlsregungen werden in den Geltungsbereich des fünften Gebots einbezogen. Das beginnt mit der inneren Erregung im Zorn; es setzt sich fort in der Skala von Schimpfwörtern mit einer entsprechenden Stufung von Strafandrohungen vor dem Hohen Rat (Synedrium) bis hin zum höllischen Feuer als Gottesgericht (vgl.1.Joh 3,15). Wenn das Gefühl des Zorns und die Schimpfwörter harmlos erscheinen, dann wird überhaupt erst durch diese Sanktionen das Gewicht der Übertretung deutlich.

Die in den Versen 23–25 folgende Anwendung richtet sich aber nicht mehr auf den Zornigen, sondern an den, dem solcher Zorn gilt und der beschimpft wurde: Es »kommt dir in den Sinn, daß dein Bruder etwas *gegen dich* hat...« Die Versöhnung mit Gott durch das Opfer vor dem Altar bzw. beim Gebet (Mk 11,25) setzt die Versöhnung mit dem Bruder voraus. Das entspricht genau der fünften Bitte des Vaterunser (Mt 6,12. 14f). In der Antithese als Widerspruch wird daher auf die Entsprechung von gottesdienstlicher Gemeinschaft unter Brüdern und mit Gott, die in der Versöhnung Gottes durch Jesus Christus ihren Grund hat, hingewiesen.

Die zweite Anwendung in den Versen 25–26 wendet sich vom Gottesdienst auf das Gerichtsverfahren; beides ist jedoch so eng miteinander verbunden, daß im weltlichen Gericht das göttliche Gericht durchscheint, zumal es in beiden Fällen um das Gebot Gottes geht. In ähnlicher Weise bleibt bei dem geforderten wohlgesonnenen oder willfährigen Verhalten zu dem Widersacher, d.h. zu dem Prozeßgegner, offen, wer eigentlich der Schuldige und mithin Angeklagte ist. Es ist jeder, der dies hört. Und der Weg zum Richter läßt wiederum das göttliche Strafgericht durchscheinen mit der Vergeltung bis zum »letzten Heller«, damit ist der »Quadrant« als kleinste Währungseinheit gemeint.

So ist zusammenzufassen, was in der ersten Antithese der Herr seine Jünger lehrt: Das fünfte Gebot in der weit- und tiefgreifenden Geltung, nicht nur die Tat, sondern Bewußtsein und Wort umfassend, der unmittelbare Zusammenhang von Versöhnung mit Gott und Versöhnung unter den Kindern Gottes vor dem Altar und dem Gebet, sowie der Hinweis auf den Weg zum bevorstehenden Gericht, wo es letztlich immer nur um meine eigene Schuld geht, die darin besteht, daß ich mich nicht vorher mit meinem Widersacher versöhnt habe.

So erkennen wir in dem fünften Gebot zum Töten und zur Todesstrafe den göttlichen Willen und das Gebot zur Versöhnung als die um das Reich Gottes gezogene Grenze, die unser Handeln, unser Fühlen und Denken sowie unser Reden betrifft. So wird das Gesetz Gottes im Neuen Bund in unser Herz geschrieben.

Wiederholung der Textlesung

Gebet

Herr, dein Wort bringt Licht in das Dunkel unseres Herzens und leuchtet uns auf dem Weg zu dir. Dein Gebot bringt ans Licht vor deinem Angesicht, was in uns verborgen ist. Herr, erbarme dich unser und erneuere uns durch die Gabe deines Geistes.

Laß als Frucht des Glaubens Versöhnung in uns und unter uns wachsen aus der Versöhnung, die wir von dir empfangen.

So bitten wir dich besonders für diejenigen Brüder und Schwestern, die uns zu tragen geben und die wir erzürnt haben.

Bitten / Fürbitten …

»Erforsche mich, Gott, und erkenne mein Herz; prüfe mich und erkenne, wie ich's meine. Und sieh, ob ich auf bösem Wege bin, und leite mich auf ewigem Wege« (Ps 139,23f). Amen.

Du sollst nicht die Ehe brechen, und das beginnt bereits bei dem begehrlichen Blick

Matthäus 5,27–30

27 »Ihr habt gehört, daß gesagt ist (2.Mose 20,14): ‚Du sollst nicht ehebrechen.'

28 Ich aber sage euch: Wer eine Frau ansieht, sie zu begehren, der hat schon mit ihr die Ehe gebrochen in seinem Herzen.

29 Wenn dich aber dein rechtes Auge zum Abfall verführt, so reiß es aus und wirf's von dir. Es ist besser für dich, daß eins deiner Glieder verderbe und nicht der ganze Leib in die Hölle geworfen werde.

30 Wenn dich deine rechte Hand zum Abfall verführt, so hau sie ab und wirf sie von dir. Es ist besser für dich, daß eins deiner Glieder verderbe und nicht der ganze Leib in die Hölle fahre.«

Wie bei dem vorangehenden fünften Gebot in der ersten Antithese, so wird nun auch in der *zweiten Antithese* der Blick für Geltung und Anwendung des sechsten Gebots geöffnet. Daß nach 3.Mose 20,10 und 5.Mose 22,22–24, (vgl. Joh 8, 3–11), auch auf Ehebruch die Todesstrafe durch Steinigung steht, ist als bekannt vorauszusetzen. Insofern liegt auch hier eine Entscheidung zwischen Tod und Leben vor, und das macht den großen Ernst gegenüber mancher Leichtfertigkeit im Geltungsbereich dieses Gebots aus. Das Wort des Herrn zielt auf die Warnung vor der Hölle (V. 29), und im Vergleich dazu liegt der schreckliche Gedanke, ein Auge auszureißen oder eine Hand abzuhauen, näher, als in das ewige Verderben zu geraten. Doch gezeigt werden soll: Die Hölle als Strafgericht Gottes ist wesentlich schlimmer als die unvorstellbare Tat der Selbstverstümmelung. Auch manches, was wir als Hölle empfinden oder bezeichnen, steht in keinem Vergleich zu dem, was Hölle nach dem Wort Gottes im endgültigen Sinn ist. Daß uns dies gerade beim sechsten Gebot deutlich gemacht wird, soll uns davor warnen, in diesem Zusammenhang, wie es oft geschieht, leichtfertig von Hölle zu sprechen. Denn es wird uns gezeigt, wie wir gerade auch hier die wirkliche Hölle vermeiden können.

Wenn Ehebruch als Tat den Einbruch in eine Ehe oder den Ausbruch aus einer Ehe bezeichnet und im Vollzug die Beziehung von zwei Menschen betrifft, so verlegt die Antithese Jesu die Anwendung des göttlichen Gebots schon in den Blick des Auges und die Verborgenheit des Herzens als Sitz und Mittel der Begehrlichkeit. Dabei ist in der Sprache der biblischen Schriften zu beobachten, daß diese Begehrlichkeit nicht durch den Sexualtrieb bestimmt oder auf ihn beschränkt wird, sondern diesen neben anderem umschließt. Die Erzählung vom Sündenfall beschreibt diesen augenfälligen Vorgang am Anfang für alle Menschen, wenn es 1.Mose 3,6 heißt: »... und das Weib *sah*, daß von dem Baum gut zu essen wäre und er eine Lust für die *Augen* wäre und verlockend, weil er klug machte...«

Was daher beim sechsten Gebot gegenüber einer Ehefrau, nach Hiob 31,1ff (vgl. Hiob 24,15) aber auch gegenüber einer unverheirateten Frau gilt, betrifft für Auge und Herz ebenso das Verhältnis zu Gott (vgl. Ps 16,8ff; 25,15; 123,2; 141,8; Mt 15,19; 2.Petr 2,14) wie auch zu seinen Geboten (Ps 19,9) und seiner Lehre, wobei gerade hier auch an deren schriftliche Fixierung zu denken ist: »Wende meine Augen ab, daß sie nicht sehen nach unnützer Lehre, und erquicke mich auf deinem Wege« (Ps 119,37). Es ist nicht zufällig, daß die Fülle der Belege für solche Aussagen in den Psalmen zu finden ist, die uns mit dieser Verbindung von Gott, seinem Wort und seinem Gebot mit unserem Auge und Herz in das Gebet führen. Denn so stehen wir vor Gott, und so handelt Gott an uns.

Dies ist die Voraussetzung zum rechten Verständnis der unerbittlich hart scheinenden Worte von einer Selbstverstümmelung durch Ausreißen des Auges und Abhauen der rechten Hand, wenn sie Ärgernis, »Skandal«, schaffen, d.h. uns zu Fall bringen.

Die abschreckende Eindringlichkeit dieser Mahnung des Herrn (vgl. Mt 18,8–9; Mk 9,43–47) sollte nicht durch eine Vergeistigung abgeschwächt werden. Die rechte Jüngerschaft wird von einer ganzen Reihe ähnlich scharfer Abtrennungen begleitet, z.B. im Blick auf das Verhältnis zu Verwandten (Lk 14, 26–27; Mt 10,37–39), und besonders zeigt sich diese Abtrennung von der Leiblichkeit des alten Menschen in den Worten von Kreuzesnachfolge und von der Kreuzigung des Fleisches (Mk 8,34–38; Mt 16,24–28; Lk 9,23–27; 2.Kor 4,10; Kol 3,5), die durch den Tod zum Leben führt. So werden wir hier an unsere *Taufe* erinnert, mit der wir eingetaucht sind in den Tod Christi, um dereinst wie er zum ewigen Leben aufzuerstehen (Röm 6,1–23).

Durch die Unterweisung Jesu werden wir in diesen Gegensatz von Fleisch und Geist, von altem und neuem Menschen und so von Tod und Leben versetzt. Das deutlichste Zeichen für die Wirkung des Herrnwortes ist der widerstrebende Protest unseres Fleisches, das sich auch und gerade in diesem Bereich behaupten will und das seine Befriedigung fordert. Viele Einwände gegen das Wort Jesu sind rasch bei der Hand mit der Warnung vor Verklemmungen und »ekklesiogenen Neurosen« und ähnlichem. Wenn der Sexualtrieb als herrschende und zu befriedigende Größe angesehen wird, dann kann unter Umständen die Befolgung der göttlichen Gebote als Selbstverstümmelung aufgefaßt werden. Aber es gerät dann völlig aus dem Blick, daß durch Gottes Gebot die von Gott eingesetzte Ehe (Mt 19,4–5; 1.Mose 1,27; 2,24; Eph 5,22–33) geschützt und bewahrt werden soll zum Heil des Menschen.

Wenn aber der Ehebruch, bei Auge und Herz beginnend, ein Zeichen für die Selbstbehauptung des Fleisches und des alten, dem Tod verfallenen Menschen ist, dann darf zugleich erkannt werden, daß die Ehe als göttliche Stiftung und in ihrer

Unverbrüchlichkeit auf die Seite des Geistlichen gehört, wodurch sie bestimmt und dann auch bewahrt wird. Wir sollen nicht nur wegblicken, sondern wir sollen auf den Herrn blicken und auf sein Wort hören.

Ziel und Maßstab der Unterweisung Jesu zum sechsten Gebot ist nicht die vordergründige Befriedigung menschlicher Triebe, sondern bei dieser zweiten ebenso wie bei der ersten Antithese die endgültige Entscheidung zwischen ewigem Verderben in der Hölle und ewigem Leben im Reich Gottes. Was den Leitgedanken der ganzen Bergpredigt ausmacht, ist daher hier zu beachten, und dann wird deutlich: Es geht nicht um eine Idealgestalt von Ehe gegenüber der Realität des Menschlichen, sondern es geht um die Realität des Reiches Gottes, unter der sich die Scheidung von Fleisch/Leib und Geist in uns vollzieht. Daß sich dies gerade als Antithese zu dem Ich des alten Menschen in uns abspielt, ist in aller äußeren Anfechtung Grund freudiger Gewißheit für diejenigen, die auf den Herrn blicken, die sein Wort hören und so hinter ihm hergehen und bei ihm bleiben.

Wiederholung der Textlesung

Gebet

Herr, himmlischer Vater, du hast Mann und Frau miteinander und füreinander geschaffen. Durch dein Gebot willst du die heilige Ordnung der Ehe vor unserem Eigenwillen und menschlicher Unordnung schützen, um die Einheit von Mann und Frau in der Gemeinschaft mit dir zu bewahren und zu heiligen.

Wir bitten dich, erforsche und erneuere unsere Herzen, daß wir uns durch unsere Augen nicht von dir und deinem Wort abwenden und wegführen lassen. Halte auch in der Gemeinschaft der Ehe zusammen, die du für dein Reich erwählt hast.

»Herr, Vater und Gott meines Lebens, behüte mich vor lüsternem Blick und wende von mir alle bösen Begierden. Laß mich nicht in Wollust und Unkeuschheit geraten und behüte mich vor schamlosem Sinn« (Sir 23,4–6). Amen.

Ehescheidung und Wiederheirat Geschiedener ist Ehebruch

Matthäus 5,31–32

31 »Es ist auch gesagt (5.Mose 24,1): ‚Wer sich von seiner Frau scheidet, der soll ihr einen Scheidebrief geben.‘

32 Ich aber sage euch: Wer sich von seiner Frau scheidet, es sei denn wegen Ehebruchs, der macht, daß sie die Ehe bricht; und wer eine Geschiedene heiratet, der bricht die Ehe.«

Die *dritte Antithese* zum sechsten Gebot mit dem Thema Ehebruch schloß mit der auf das Endgericht bezogenen Warnung, daß »nicht der ganze Leib zur Hölle fahre«, und so wird vom Herrn mit Inhalt und Geltung des sechsten Gebots für das Leben in dieser Weltzeit die Grenze um das Himmelreich im Blick auf die Ewigkeit aufgezeigt.

Das in der dritten Antithese unmittelbar anschließende Thema von Ehescheidung und Wiederheirat Geschiedener führt uns in einen Bereich, in dem leicht und oft von der Hölle geredet wird, wenn die eheliche Gemeinschaft »zur Hölle« wird – als ob sie sonst ein Paradies sein müßte oder könnte, das wir doch ohnehin insgesamt verloren haben (1.Mose 3). Wie aber entgeht man der Hölle? Setzen wir als Maßstab für Hölle und Paradies den Grad an menschlichem Einverständnis und Wohlbefinden an, dann mag eine Ehescheidung ebenso wie eine Wiederheirat als Problemlösung erscheinen. Das ist der pragmatische Weg, wie er auch nach dem Gesetz des Mose angesichts menschlicher »Herzens Härte« (Mt 19,8; Mk 10,5) eingeschlagen wird (5.Mose 24,1–4; vgl. Sir 25,34). Wenn der Maßstab in einem Maximum an Freude und einem Minimum an Leid gesehen wird, dann gibt es auch nach weltlichem Recht sowohl Ehescheidung wie Wiederheirat Geschiedener zur Vermeidung größeren Übels.

Der Widerspruch Jesu aber richtet sich gegen diese mosaische und weltliche Rechtspraxis, und er stellt fest, daß nach dem ursprünglichen Willen Gottes Ehescheidung und Wiederheirat Geschiedener Ehebruch und mithin eine Übertretung des sechsten Gebots ist. So wird, wie das bereits bei den Seligpreisungen am Anfang der Bergpredigt geschah, der negativen Lebenserfahrung die Heilsverheißung des Reiches Gottes gegenübergestellt, und so stehen wir hier vor einer echten Entscheidung des Glaubensgehorsams zwischen dem, was menschliche Erfahrung sein mag und was Gottes Wort ist. Die Frage der Ehescheidung, und wenn sie sich auch im Blick auf eine irdische Hölle stellen sollte, wird auf die Scheidung zwischen Hölle und Himmelreich, wie sie durch Gottes Wort erschlossen wird, bezogen. Es ist sehr wichtig, diesen für alle Einzelgebote geltenden Zusammenhang der Bergpredigt im Blick zu behalten. Dann ist es hilfreich und tröstlich zu sehen, daß nicht allein das Nein gegenüber den Bedürfnissen und Notwendigkeiten unseres Fleisches gesprochen wird, sondern daß das durch den Willen Gottes geschützte Gut der Ehe hervorgehoben wird.

Von den Propheten des Alten Bundes (vgl.Jer 3,1; Hes 16 u. 23; Mal 2,10–16) wie von den Aposteln Jesu Christi (Eph 5, 21–33) wird für die Unverbrüchlichkeit und Heiligkeit der Ehe auf den Bund Gottes mit seinem Volk hingewiesen, auf die Treue Gottes, die sogar in der Untreue der Menschen durchgehalten wird und davon nicht aufgehoben werden kann (vgl. Röm 3,1ff; 11). Das göttliche Wesen der Ehe, unter dem die Unverbrüchlichkeit des sechsten Gebots vom Herrn eingeschärft wird, erschließt sich also gerade in der Hingabe des Sohnes Gottes.

So wird auch in den Parallelen zu unserem Text Mt 19,3–12; Mk 10,2–12 und Eph 5,31 ausdrücklich auf die Einsetzung der

Ehe bei der Erschaffung des Menschen mit 1.Mose 1,27 und 2, 24 hingewiesen. Es wird daran erinnert, wie Gott den Menschen männlich und weiblich nach seinem Bild geschaffen und Mann und Frau füreinander bestimmt hat, daß sie ein Fleisch sein sollen. Der Widerspruch Jesu gegen die weltliche Scheidungspraxis führt damit zurück zu dem Urstand und dem ursprünglichen Schöpferwillen. Bevor der Mensch von Gott abfiel und unter die Herrschaft von Sünde, Tod und Teufel geriet, sollten Mann und Frau nach dem Gebot und nach der Verheißung Gottes untrennbar und lebenslang zusammengehören. Und es ist gut dabei auch zu bedenken, daß im Gegensatz zu manchen kurzschlüssigen Deutungen die Bestimmung, »ein Fleisch« zu sein (1.Mose 2,24), nicht auf die sexuelle Gemeinschaft beschränkt ist, sondern als von Gott geschaffene ganzheitliche und unauflösliche Bestimmung füreinander zu verstehen ist: »...Bein von meinem Bein und Fleisch von meinem Fleisch...« (1.Mose 2,23).

Diese dritte Antithese läßt damit in aller Klarheit wieder den Gegensatz zwischen dem alten Menschen unter der Herrschaft der Sünde und dem in Christus zu dem ursprünglichen Bild wieder erneuertem Menschen zutage treten (vgl. Röm 8,29; 2.Kor 4,4).

Bei so eindeutigen Regeln suchen wir auch in der christlichen Gemeinde nach Auswegen durch mögliche Ausnahmen. Einen Anhaltspunkt dafür bietet die Bemerkung »es sei denn wegen Ehebruchs«, die sich in den Paralleltexten Mk 10,11–12 und Lk 16,18 nicht findet. Auch in 1.Kor 7,10–16 gibt es eine Ausnahme von dem Ehescheidungsverbot Jesu, aber nur in dem Fall, daß ein ungläubiger Ehepartner die Scheidung begehrt. Nun ist schon hier, ebenso wie 1.Petr 3,1ff völlig klar, daß fehlende Glaubensgemeinschaft für den christlichen Teil durchaus ein Ehehindernis sein kann, das *vor* dem Eingehen einer Ehe zu prüfen ist. Niemals aber darf sie ein Scheidungsgrund für den christlichen Teil sein, während das Scheidungsbegehren des ungläubigen Partners hinzunehmen ist.

Wenn wir nun an diesen Stellen nicht, wie es leicht geschehen kann, in ein Feilschen um das Wort geraten wollen, ist es gut zu bedenken, daß nach 3.Mose 20,10 auf Ehebruch die

Todesstrafe steht. Daraus mag man, auch ohne daß diese Strafe vollstreckt wird, schließen, daß bei Ehebruch an eine Auflösung der Ehe durch den Tod gedacht ist, was auch nach 1.Kor 7,39f und Röm 7,1ff der einzige Grund für eine Auflösung des von Gott gestifteten Ehebandes ist, von dem grundsätzlich gilt: »... bis daß der Tod euch scheidet«. Eine Wiederheirat Geschiedener ist jedoch nach dem Wort des Herrn eindeutig ausgeschlossen (vgl. Mk 10,11f; Lk 16,18; 1.Kor 7,10–16), solange ein Ehepartner noch lebt.

Menschliche »Herzens Härte« (Mt 19,8; Mk 10,5), die u.U. jede Verständigung und Versöhnung ausschließt, tritt unter dem Widerspruch des Sohnes Gottes die erneuernde und versöhnende Kraft des Geistes entgegen, die ihren Grund in der empfangenen Vergebung und die Verheißung ihres Lohns im Reich Gottes hat. Deshalb ist nach 1.Kor 7,11 auch die Versöhnung der einzige Weg, der für Christen nach einer Ehescheidung offen bleiben soll. Daß für die Amtsträger der Gemeinde die Weisung Jesu mit der Rückführung zu dem ursprünglichen Schöpferwillen ein wichtiges Kriterium für die Übertragung und Ausübung des Amtes ist, wird ausdrücklich in Erinnerung gerufen: 1.Tim 3,2; Tit 1,6. Die Hausgemeinde des Amtsträgers ist Kern und Vorbild der weiteren Gemeinde. Wenn uns aber hier in unserer Zeit der Blick für bittere Versäumnisse in Lehre und Leben vor Augen geführt werden, muß das Anlaß zu heilsamer Umkehr durch das Wort sein. Denn sonst verliert die Gemeinde nicht nur das ewige Heil, sondern sie verfehlt auch ihre Gesellschaftsverantwortung.

Schließlich ist im Rückblick auf die erste Antithese und im Ausblick auf die fünfte Bitte des Vaterunser auch noch dies zu bedenken: Unter Christen ist es jeweils derjenige, der Unrecht getan hat, der etwas gegen mich hat, eben derjenige, der nach Gottes Wort der Vergebung gewiß sein darf, weil die Verfehlung nicht aufgerechnet und nachgetragen, sondern weggenommen wird. Damit wird deutlich, daß die tragende Grundlage für das Verbot der Ehescheidung und einer Wiederheirat Geschiedener diese geistliche Gemeinschaft ist, die in der Vergebung Christi und durch die Vergebung unter Christen erneuert und getragen wird.

Wiederholung der Textlesung

Gebet

Herr, laß uns durch die heilsame Kraft deines Wortes erkennen und empfangen, was zu unserem Heil dient. Nimm von uns die Härte unseres Herzens und erneuere uns durch die Gabe deines Geistes, daß auch unsere Ehe von der Vergebung getragen und durch sie geheilt werde, die wir von dir täglich neu empfangen, daß deine Liebe unsere Liebe heiligt und erneuert.

Bitten / Fürbitten ...

»Ich aber und mein Haus wollen dem Herrn dienen« (Jos 24, 15). Amen.

Wer Gott als Zeugen vor dem Gericht von Menschen anruft, steht selbst unter dem Gericht Gottes

Matthäus 5,33–37

33 »Ihr habt weiter gehört, daß zu den Alten gesagt ist (3.Mose 19,12; 4.Mose 30,3): ‚Du sollst keinen falschen Eid schwören und sollst dem Herrn deinen Eid halten.‘

34 Ich aber sage euch, daß ihr überhaupt nicht schwören sollt, weder bei dem Himmel, denn er ist Gottes Thron;

35 noch bei der Erde, denn sie ist der Schemel seiner Füße; noch bei Jerusalem, denn sie ist die Stadt des großen Königs.

36 Auch sollst du nicht bei deinem Haupt schwören; denn du vermagst nicht ein einziges Haar weiß oder schwarz zu machen.

37 Eure Rede aber sei: Ja, ja; nein, nein. Was darüber ist, das ist vom Übel.«

Bei Eid und Schwur denken wir zuerst an den assertorischen Zeugeneid vor Gericht, mit dem verbindlich bestätigt wird, was geschehen ist, oder an den promissorischen Diensteid, mit dem man für die Zukunft verspricht, bestimmte Aufgaben zu erfüllen und Regeln einzuhalten. Darauf konzentrieren sich daher auch zuerst die Schwierigkeiten und Einwände bei dem unbedingten Eidesverbot Jesu für seine Jünger. Doch diese besonderen Formen der Eidesleistung werden weder in dieser *vierten Antithese* noch Mt 23,16–22 oder Jak 5,12 erwähnt, sondern Eid und Schwur umfassen jede Form von Versicherung, Beteuerung, Gelübde (Ps 50,14; 4.Mose 30,3ff; 5.Mose 23, 22ff; Apg 18,18; 21,23), ja auch von Beschwörung (Apg 19,13f) und Verfluchung, bei der Gott als Zeuge und Richter angerufen wird. Dazu gehören vor allem viele alltägliche Redewendungen mit Beteuerung und Verfluchung, die explizit oder implizit solche Anrufungen enthalten: »Wenn ich ehrlich bin...« – »hol's der Teufel!« – »verdammt« – »bei Gott« – »o Gott!« oder auch »Himmel!« und viele ähnliche.

In der Sache geht es bei dieser Antithese um das *zweite Gebot:* »Du sollst den Namen des Herrn, deines Gottes, nicht unnützlich führen; denn der Herr wird den nicht ungestraft lassen, der seinen Namen mißbraucht«; darauf bezieht sich auch Jak 5,12 die Warnung: »Damit ihr nicht dem Gericht verfallt.« Es geht aber auch um das *achte Gebot* »Du sollst nicht falsch Zeugnis reden wider deinen Nächsten«. So ist 3.Mose 19, 12 zu lesen, worauf das Wort Jesu sich bezieht: »Ihr sollt nicht falsch schwören bei meinem Namen und den Namen eures Gottes nicht entheiligen; ich bin der Herr.« Sir 23,7–20 ist mit der Warnung vor Zungensünden ein praktischer Kommentar zu diesem Gebot: »Gewöhne deinen Mund nicht ans Schwören und nicht daran, den Namen des Heiligen ständig zu nennen«.

Die Auslegungen Luthers im Kleinen Katechismus zum zweiten und achten Gebot führen uns die Weite des Anwendungsbereiches für diesen Widerspruch Jesu vor Augen, der tief in unser Leben eingreift und die Wirklichkeit des alten Menschen in uns aufdeckt.

Der Widerspruch Jesu gegen herkömmliche Überlieferung und Auslegung des Willens Gottes faßt die Wurzel des Übels darin, daß bei Eid und Schwur es nicht allein um die Wahrhaftigkeit des Menschen geht, die den Meineid ausschließt bzw. unter das Gericht stellt, vielmehr geht es grundsätzlich um den Namen, die Macht und die Ehre Gottes. Selbst wo der Gottesname vermieden wird bei »Himmel und Erde«, bei »Jerusalem« und dem eigenen »Haupt«, haben wir es mit Gott zu tun. Denn die Herrschaft Gottes über das von ihm Geschaffene reicht, wie das letzte Beispiel zeigt, bis in die Farbe, ja auch die Zahl (vgl.Mt 10,30; Lk 12,7; 1.Sam 14,45) der Haare. Wenn aber alles so bis ins letzte und kleinste im Ratschluß Gottes festgelegt und in seiner Hand ist, dann ist es sowohl ein Mißbrauch des Namens Gottes wie auch eine Verletzung seiner Macht und Ehre, wenn wir uns zur Bestätigung eigner Erkenntnis und Absicht auf ihn berufen und ihn für uns zum Zeugen einsetzen wollten.

Positiv heißt das: »Eure Rede aber sei: Ja, ja; nein, nein. Was darüber ist, das ist vom Übel.« Damit werden nach dem zweiten Gebot der Mißbrauch des Namens Gottes und nach dem achten Gebot das Falschzeugnis und die Lüge ausgeschlossen. Daß das Ja ein Ja und das Nein ein Nein sein soll, schließt im Reden jede Zweideutigkeit und Unwahrhaftigkeit aus und damit jede nur denkbare Differenz zwischen dem, was das Herz meint und was der Mund sagt. Das entspricht der Röm 10,10 beschriebenen Übereinstimmung von Glauben im Herzen und Bekennen mit dem Mund. Das aber entspringt jener Erneuerung des Herzens, die Gabe des Geistes im Neuen Bund ist.

Nachdem wir den Geltungsbereich des Gebotenen und die Begründung des Widerspruchs Jesu gegen herrschende Meinung und Übung bedacht haben, wenden wir uns zum Schluß den praktischen Konsequenzen zu, aus denen sich manche Widersprüche und Bedenken gegen das Wort des Herrn erheben.

Schon in der Heiligen Schrift gibt es viele Beispiele für eine unbesorgte Eidesleistung: Gott schwört bei sich selbst, und das betrifft (z.B. Hebr 6,13.16; 7,20ff mit alttestamentlichen Beispielen wie 1.Mose 22,16; 50,24 u.a.) die in Gottes Wesen und Leben begründete Unverbrüchlichkeit seiner Bundesverheißung. Wort und Werk Gottes können nicht auseinandertreten; das ist der tragende Grund unseres Glaubens.

Zahlreich aber sind auch Wendungen, in denen der Apostel Paulus für das, was er im Namen und Auftrag Gottes sagt und tut, Gott zum Zeugen anruft: 1.Thess 2,5. 10; Röm 1,9; Phil 1, 8; 2.Kor 1,23; 11,10. 31; Eph 4,17; 1.Thess 5,27; 2.Kor 2,17, oder auch das Gelübde des Paulus in Apg 18,8. Ferner haben wir das schreckliche Beispiel des Herodes, in dem ein leichtfertig bei einer fröhlichen Geburtstagsfeier gegebenes Eidesversprechen und Gelübde Johannes dem Täufer den Kopf kostet

(Mt 14,6–12; Mk 6,21–29). Der Verrat des Judas an die Hohenpriester hat nach Lk 22,6 die Form eines promissorischen Eides, und die Verleugnung des Petrus ist mit einer eidlichen
Selbstverfluchung verbunden (Mk 14,66ff; Mt 26,69ff; Lk 22,
56ff).

Aber ist es nicht gerade bei den Beispielen mit Herodes,
Judas und Petrus eigenartig, wie in allen drei Fällen der Heils-
plan Gottes unbeirrt durchgeführt wird, indem Gott erfüllt,
was er zu tun zugesagt hat? Das wird auch von solchem
Schwören weder gehindert noch gefördert. Die mit der Selbstverfluchung verbundene Verleugnung des Petrus aber zeigt jene
Grenze des Gerichts, auf das Jak 5,12 ausdrücklich hingewiesen wird, und zugleich die Gnade des Herrn, der den Verleugner zurückholt und von neuem beauftragt.

Wenn wir die Einheit der Schrift und die Eindeutigkeit des
Herrenwortes festhalten, kann aber aus solchen Stellen keine
Ausnahme abgeleitet werden; denn das würde zugleich die Eindeutigkeit der Grenze um das Himmelreich und die Entscheidung im Gericht Gottes verwischen. Vielmehr soll im Zeugnis
vor Gott und Menschen die Eindeutigkeit von Ja und Nein
gelten.

»Was darüber ist, das ist vom Übel« (V. 37) – und genau wo
dieses Übel herrscht, werden Eide, Schwüre und Gelübde gefordert und geleistet. Der Jünger Christi soll nicht schwören,
weil er nicht zu schwören braucht, wenn er sich zu Christus
bekennt. Rechtlich haben wir heute die Möglichkeit, auf eine
religiöse Form des Eides zu verzichten. Aber es wäre doch
einer Überlegung wert, ob nicht das öffentliche Christusbe-
kenntnis die Eidesforderung überflüssig machen könnte. Dies
setzt freilich voraus, daß Christen sich zu erkennen geben, indem sie Christus bekennen. Es könnte sein, daß wir bei uns
selbst an dieser Stelle auf mancherlei Unaufrichtigkeiten auch
in unserem Glauben stoßen. Im Eid wird, wenn man ihn recht
versteht, Gott als Zeuge und Richter angerufen. Der Name
Christi aber wird bekannt und angerufen, weil uns Christus
aus dem Gericht Gottes rettet: »Denn wenn man von Herzen
glaubt, so wird man gerecht; und wenn man mit dem Munde
bekennt, so wird man gerettet« (Röm 10,10).

Die Lüge ist stets mit der Angst verbunden vor bestimmten Folgen, denen wir ausweichen wollen. Die Beteuerung, welcher Art sie auch sei, macht Gott zum Werkzeug unserer Wahrhaftigkeit, während es für den neuen Menschen, das Kind Gottes, doch nur so sein kann, daß Wort und Tat, daß Herz und Mund eins sind. Bezogen auf die menschliche Unwahrhaftigkeit ist daher der Eid mit allem, was dazu gehört, immer auch eine Manifestation des Unglaubens bei und unter uns Menschen. Wo die Sünde herrscht, ist der Eid nötig, wo die Gnade wirkt, ist er Sünde.

Wiederholung der Textlesung

Gebet

Herr, »nimm ja nicht von meinem Munde das Wort deiner Wahrheit; denn ich hoffe auf deine Ordnung« (Ps 119,43).

Bitten / Fürbitten...

»Weise mir, Herr, deinen Weg, daß ich wandle in deiner Wahrheit; erhalte mein Herz bei dem einen, daß ich deinen Namen fürchte« (Ps 86,11). Amen.

Wo Gott Richter ist,
kann es kein menschliches Recht
auf Rache geben

Matthäus 5,38–42
Lukas 6,29-30

38 »Ihr habt gehört, daß gesagt ist (2.Mose 21,24): ‚Auge um Auge, Zahn um Zahn.'

39 Ich aber sage euch, daß ihr nicht widerstreben sollt dem Übel, sondern: Wenn dich jemand auf deine rechte Backe schlägt, dem biete die andere auch dar.

40 Und wenn jemand mit dir rechten will und dir deinen Rock nehmen, dem laß auch den Mantel.

41 Und wenn dich jemand nötigt, eine Meile mitzugehen, so gehe mit ihm zwei.

42 Gib dem, der dich bittet, und wende dich nicht ab von dem, der etwas von dir borgen will.«

Die Rache als Wiedervergeltung oder als Notwehr ist ein unwillkürliches menschliches Bedürfnis der Selbstachtung und Selbsterhaltung. Die *fünfte Antithese* betrifft genau diesen persönlichen Bereich, in dem das Übel in den bösen Absichten und Taten unserer Mitmenschen uns trifft. Deshalb ist dies zu unterscheiden, freilich nicht zu trennen von dem Amt der Rechtsordnung und Rechtsprechung in Bestrafung wie Verteidigung. Ein Hinweis auf die Unterscheidung von persönlichem Verhalten und Rechtsordnung ist im Vers 40 zu erkennen, ähnlich auch in Mt 5,25.

Die Wiedervergeltung nach dem sog. »ius talionis« ist auch im Alten Testament ein Rechtssatz, der eine Begrenzung der

Rache auf das erlittene Unrecht fordert: »...Leben um Leben, Auge um Auge, Zahn um Zahn, Hand um Hand, Fuß um Fuß, Brandmal um Branmal, Beule um Beule, Wunde um Wunde« (2.Mose 21,23–24; vgl.3.Mose 24,19–22; 5.Mose 19,14–21). An allen diesen Stellen wird der persönliche Konflikt durch ein Rechtsverfahren geregelt und begrenzt. Die Rache wird im Alten wie Neuen Testament verboten (vgl. 3.Mose 19,18; Spr 20,22; 24,29), weil sie Gott als Richter vorbehalten ist (5.Mose 32,35f, 43; Jes 35,4; Röm 12,19–20; 1.Thess 5,15; 1.Kor 6,7–8; 1.Petr 3, 9).

Der Widerspruch Jesu bedeutet daher keineswegs nur einen Verzicht auf spontane Gegenwehr. Denn das gilt auch im Alten Testament. Vielmehr bedeutet er einen Rechtsverzicht (vgl. 1.Kor 6,7–8).

Nach Röm 13,4 und 1.Petr 2,14 hat allein die Obrigkeit als Dienerin Gottes den Auftrag und das Recht, rächende Bestrafung zu vollziehen, wobei die Begründung durch Gottes Auftrag die Begrenzung durch Gottes Recht einschließt.

Die drei Beispiele führen uns jeweils in konkrete Situationen zwischenmenschlicher Konflikte, und jedes einzelne hat seine besondere Bedeutung für die Entfaltung des Grundsatzes:

Der Schlag auf die rechte Backe erfolgt mit dem rechten Handrücken des Gegners und ist ein Ausdruck der Verachtung. Wie auch ein Christ darauf reagieren kann, zeigt das Beispiel des Paulus Apg 23,1–5, der sich aber in seiner Beschimpfung des Hohenpriesters, der ihn zu Unrecht geschlagen hat, vom Wort Gottes zurechtweisen läßt, nachdem er den Hohenpriester erkennt, der unter dem Schutz des Wortes Gottes steht.

Der zweite Schlag auf die linke Backe erfolgt dann vermutlich mit der rechten Handfläche und dürfte daher härter treffen. Das Wort Jesu aber ruft hier die Jünger in die Nachfolge nach seinem Vorbild, »der nicht widerschmähte, als er geschmäht wurde, nicht drohte, als er litt, er stellte es aber dem anheim, der gerecht richtet...« (1.Petr 2,23;.Joh 18,19–23).

Auch das folgende Beispiel mit dem Rock, dem Untergewand, und dem Mantel, dem Obergewand, betrifft einen außergerichtlichen Rechtsverzicht. Der Mantel, der zugleich nachts als Decke dient, darf nur bis Sonnenuntergang gepfändet werden (vgl. 2.Mose 22,25). Nach diesem Beispiel, wenn Unter- und Obergewand fortgegeben werden, bleibt nichts mehr zur Bekleidung am Tag und als Zudecke für die Nacht übrig. Zugleich ist mit Hinweis auf 4.Mose 15,38ff und 5.Mose 22,12 daran zu erinnern, daß es nicht allein um die Bekleidung des Leibes geht, sondern daß damit auch das soziale Ansehen des Betreffenden, wie es kultisch und wirtschaftlich an den Quasten abzulesen ist, auf dem Spiel steht.

Wiederum werden wir dann an Jesu Leiden erinnert, wie die Soldaten die Kleidung des Gekreuzigten wegnehmen und über das Obergewand das Los werfen (Joh 19,23–24) in der Erfüllung des Schriftwortes von Ps 22,19. Was dem Herrn damit widerfährt, ist die totale Verwerfung durch die menschliche Gemeinschaft: Der Schutz des Leibes und das Ansehen der Person wird ihm genommen.

Das dritte Beispiel mit der Nötigung zum Weggeleit betrifft eine geforderte Dienstleistung, die in diesem Fall freiwillig von einer auf die geradezu sprichwörtliche zweite Meile verdoppelt wird. Bei den vielen Möglichkeiten für die Deutung wird die praktische Anwendung wiederum in der Passionsgeschichte Mt 27,32 und Mk 15,21 erkennbar, wo das seltene griechische Wort für »nötigen« (aggareuein) nur noch ein zweites Mal vorkommt: »Und als sie hinausgingen, fanden sie einen Menschen aus Kyrene mit Namen Simon; den zwangen sie, daß er ihm sein Kreuz trug.« Damit wird nicht aus Unrecht Recht, doch das Unrecht wird nach dem Vorbild Christi von dem Gerechten getragen, und so werden wir in die Kreuzesnachfolge eingewiesen.

Der Verzicht, dem Übel zu widerstehen und dem Vorbild Jesu auch auf dem Weg zum Kreuz nachzufolgen, mündet in die Regel, dem Bittenden zu geben oder zu borgen, in unbegrenzter und vorbehaltloser Hingabe (vgl. 5.Mose 15,7–11; Sir 29,1ff). Wo uns das nicht möglich scheint und wir das nicht tun, wird uns sehr klar vor Augen kommen, und damit stehen wir im Hören auf das Wort des Herrn und im Blick auf sein Vorbild wiederum vor der Grenze zwischen dem Reich dieser

Welt und dem Reich Gottes. Der Widerspruch bricht in uns selbst auf, wenn wir anfangen, uns zu wehren und uns zu entschuldigen, so bald unsere Schuld aufgedeckt wird.

Wiederholung der Textlesung

Gebet

Herr, du kennst die Empörung unseres Herzens, wenn uns Unrecht geschieht und Böses widerfährt. Wenn wir aber richten und uns rächen wollen, sagst du uns, daß du unser Richter und Rächer bist. Wo wir uns selbst behaupten wollen, führst du uns in der Nachfolge deines Sohnes unter das Kreuz, an dem der Gerechte für Ungerechte, der Unschuldige für unsere Schuld gestorben ist.

Bitten / Fürbitten...

»Herr, auf dich traue ich, laß mich nimmermehr zuschanden werden, errette mich durch deine Gerechtigkeit!« (Ps 31,1). Amen.

Liebe und Fürbitte für die Verfolger – das besondere Zeichen der Gotteskindschaft

Matthäus 5,43–48
Lukas 6,27–36

43 »Ihr habt gehört, daß gesagt ist (3.Mose 19,18): ‚Du sollst deinen Nächsten lieben' und deinen Feind hassen.

44 Ich aber sage euch: Liebt eure Feinde und bittet für die, die euch verfolgen,

45 damit ihr Kinder seid eures Vaters im Himmel.
Denn er läßt seine Sonne aufgehen über Böse und Gute und läßt regnen über Gerechte und Ungerechte.

46 Denn wenn ihr liebt, die euch lieben, was werdet ihr für Lohn haben? Tun nicht dasselbe auch die Zöllner?

47 Und wenn ihr nur zu euren Brüdern freundlich seid, was tut ihr Besonderes? Tun nicht dasselbe auch die Heiden?

48 Darum sollt ihr vollkommen sein, wie euer Vater im Himmel vollkommen ist.«

Die Reihe der Antithesen wird mit der *sechsten Antithese* abgeschlossen und zugleich so zusammengefaßt, daß alle vorangehenden Einzelfälle für das Zusammenleben in der Gemeinde unter Brüdern und Schwestern (1.–3.Antithese) und das Verhältnis zu anderen (4.–6.Antithese) darin aufgenommen sind. Ähnlich wie beim Schluß der Seligpreisungen (Mt 5, 10–11) werden Feinde und Verfolger erwähnt, ebenso ist aber auch Vers 46 vom Lohn die Rede. Aber alles umgreift, beschließt und begründet das Verhältnis der Gotteskindschaft als Wesensgemeinschaft mit Gott, der »vollkommen« und, wie es Lk 6,36 heißt, »barmherzig« ist. So ist das Gebot der Feindesliebe die besondere Wirkung und Erscheinung des Wesens Gottes in seiner Gemeinde und durch sie vor der Welt. Kein Wunder, daß bei aller förmlichen Zustimmung der Widerspruch Jesu täglich neu den alten Menschen in uns trifft und die Gemeinde Jesu Christi als Ganze vor die ernste Frage nach dem Salz der Erde und dem Licht der Welt stellt.

Die besondere Einsicht aus dem Widerspruch zu dem, was zu oder von den Alten gesagt wurde, liegt in der Bestimmung des Nächsten. Wenn sich auch kein schriftliches Gebot, den Feind zu hassen, findet, so findet sich doch eine Kasuistik wie z.B. 5.Mose 23,3–9, bei der die Beziehung zum Nächsten an dem Grad von Nützlichkeit und Wohlverhalten ausgerichtet ist. Es ist auch nichts Besonderes, den Besitz des Feindes oder Widersachers zu schützen (2.Mose 23,4–5 vgl. Spr 25,21–22; Röm 12,20), ja auch ihm selbst in Not zu helfen. In der Sektenregel der Gemeinschaft von Qumran findet sich als außerkanonischer Schrift freilich auch die Weisung: »Gott hat befohlen, ,alles zu lieben, was er erwählt hat, aber alles zu hassen, was er verworfen hat'« (QS 1,3f; I, 9f; IX, 21ff vgl. Ps 31, 7; 139,21f).

Entscheidend für das Verständnis der Weisungen Jesu ist, daß der Nächste unabhängig von seinem Verhalten und seiner Lage bestimmt wird. Gottes Gebot, den Nächsten zu lieben, schließt den Feind, und das meint hier den angreifenden, beleidigenden, ja auch tötenden Verfolger, ein. Gerade so ist jede Verinnerlichung oder Vergeistigung der Bergpredigt als bloße Gesinnungsethik ausgeschlossen. Denn Denken und Tun sind hier nicht zu trennen; beides wird vom Widerspruch Jesu getroffen, mithin der ganze und jeder Mensch in der Gemeinschaft mit Christus.

Die den Feind und Verfolger einschließende Nächstenliebe ist eine tätige Liebe. Sie beginnt mit der Fürbitte und folgt darin dem Gebet Jesu für die ihn Kreuzigenden: »Vater, vergib ihnen; denn sie wissen nicht, was sie tun!« (Lk 23,34). Diese Fürbitte wendet sich also an Gott mit der Bitte, das hier fällige

Gericht nicht zu vollstrecken. Dasselbe Gebet hören wir aus dem Mund des gesteinigten Stephanus: »Herr, rechne ihnen diese Sünde nicht an!« (Apg 7,60). Liebe zum feindlichen Nächsten erweist sich gerade in solchem Gebet nicht als Blindheit oder Gleichgültigkeit gegenüber der bösen Tat, sondern sie kommt aus der klaren Einsicht in das Gericht Gottes, aus dem der Feind durch das Eintreten der Christen ebenso gerettet werden soll, wie Christus für uns eingetreten ist. Statt Fluch Segen, für das böse Wort von Menschen das gute Wort vor Gott (vgl. 1.Kor 4,12–13).

»Damit Ihr Kinder seid – wörtlich: werdet – eures Vaters im Himmel...« Die sich in der Übersetzung andeutende Angst vor einer »Werkgerechtigkeit« ist wiederum unbegründet, wenn wir an Wort und Vorbild Christi denken und den letzten Ernst dieses Wortes erkannt haben, das den alten Menschen in uns durch Absterben erneuert. Und die Barmherzigkeit Gottes wird uns vor Augen gehalten, der sein Gericht aufhält (vgl. Röm 3,26) und mit Sonne und Regen unterschiedslos alle Menschen mit dem Lebensnotwendigen versorgt und erfreut und so die Möglichkeit zur Umkehr offenhält (vgl. Mt 22,10; Apg 14,14–18; 17,24ff).

Die Feindesliebe wird zu Recht als ein unterscheidendes Merkmal des christlichen Glaubens angesehen. Doch wir sollten uns hüten, sie in ein allgemeines Prinzip der Menschenliebe aufzulösen. Das besondere bei der Feindesliebe ist die Grundlage in Wort und Vorbild Christi und das Ziel mit der Rettung aus dem kommenden Gericht. Eine allgemeine Menschenliebe aber verwandelt die Nächstenliebe leicht in eine Fernstenliebe und entzieht sich zugleich dem Feind, wie er uns ganz unmittelbar und alltäglich begegnet.

Deshalb führt uns das Wort des Herrn noch einmal zum Schluß in die Unmittelbarkeit zwischenmenschlicher Beziehungen, wie sie im »Freundlichsein« bzw. in Gruß und Segenswunsch zum Ausdruck kommen. Wieviele geringfügige Verärgerungen führen bereits hier oft dazu, daß Gruß und Freundlichkeit verweigert werden? Wenn auf diese alltägliche Weise im unmittelbaren Umgang mit dem Nächsten gerechnet und verrechnet wird, dann wird vom Herrn ein dicker Strich durch diese Rechnung gemacht mit dem Hinweis auf den himmlischen Lohn, wie er in den Seligpreisungen zugesagt und für die Ewigkeit festgelegt ist.

Wenn die Rettung des Nächsten aus dem Gericht das Ziel dieses Gebotes ist, dann liegen Grund und Kraft für seine Erfüllung in der Zusage dieses Lohns, mit der wir sowohl von dem Gericht von Menschen wie auch von Lohn und Erfolg beim Menschen frei sind. Die Feindesliebe und das Eintreten für den Feind vor Gottes Gericht aber wird uns im Blick auf Christus selbst erkennbar so, wie er für uns eingetreten ist, als wir noch Gottlose, Sünder, ja selbst Feinde waren (Röm 5,6–10).

Nach dem Vorbild Christi sollen wir vollkommen sein, wie unser Vater im Himmel vollkommen ist. Daß Gott durch Christus, den Sohn Gottes, unser Vater ist, verweist darauf, daß wir als Kinder Gottes an dieser Vollkommenheit Anteil bekommen. Die Gemeinschaft mit Gott in Jesus Christus ist also Grund und Ziel dieser Weisung.

Wiederholung der Textlesung

Gebet

Vater im Himmel, durch Tod und Auferstehung deines Sohnes, unseres Herrn Jesus Christus, hast du uns in Barmherzigkeit als deine Kinder angenommen und das ewige Leben als Lohn verheißen.

Laß die Liebe, aus der Jesus für uns Sünder gestorben ist und für die gebetet hat, die ihn verfolgt, geschmäht und ans Kreuz geschlagen haben, unsere Herzen erneuern und in dieser Weltzeit ein Zeichen deiner Vollkommenheit sein.

Bitten / Fürbitten...

Herr, rechne unseren Feinden nicht an, was sie uns angetan haben (vgl. Apg 7,60). Amen.

Von der Wohltätigkeit

Matthäus 6, 1–4

1 »Habt acht auf eure Frömmigkeit, daß ihr die nicht übt vor den Leuten, um von ihnen gesehen zu werden; ihr habt sonst keinen Lohn bei eurem Vater im Himmel.

2 Wenn du nun Almosen gibst, sollst du es nicht vor dir ausposaunen lassen, wie es die Heuchler tun in den Synagogen und auf den Gassen, damit sie von den Leuten gepriesen werden. Wahrlich, ich sage euch: Sie haben ihren Lohn schon gehabt.

3 Wenn du aber Almosen gibst, so laß deine linke Hand nicht wissen, was die rechte tut,

4 damit dein Almosen verborgen bleibe; und dein Vater, der in das Verborgene sieht, wird dir's vergelten.«

Mit der Mahnung: »Habt acht auf eure Frömmigkeit, daß ihr die nicht übt vor den Leuten, um von ihnen gesehen zu werden; ihr habt sonst keinen Lohn bei eurem Vater im Himmel« beginnt ein neuer Themenkreis, in dem nacheinander *Almosen*, *Gebet* und *Fasten* behandelt werden. Diese Dreiergruppe bildet eine feste Form, wie es z.B. Tob 12,9 heißt: »Beten, Fasten und Almosengeben ist besser als goldene Schätze zu sammeln, denn Almosen erlösen vom Tode, tilgen die Sünden und führen zum ewigen Leben.«

Unter dem deutschen Wort »Frömmigkeit« wird sehr schön und treffend wiedergegeben, was im Griechischen mit dem Wort »Gerechtigkeit« in seiner weiten biblischen Bedeutung enthalten ist, die vom Willen Gottes ausgeht und das Wohl des Nächsten und der Gemeinschaft umschließt. Wenn nun vorher in den sechs Antithesen von Überlieferung, Auslegung und Erfüllung der Gebote Gottes die Rede war, was also die *Lehre* betrifft, so wird nun durch das Wort des Herrn unser Blick auf das *Leben* nach dem Willen Gottes gerichtet, auf das äußere Verhalten und die innere Einstellung. Es ist nicht die Frage, daß Almosen gegeben werden, *daß* gebetet und gefastet wird, sondern es geht darum, *wie* das geschieht: Vor den Menschen oder vor Gott: unter dem Gericht der Öffentlichkeit oder unter dem Gericht Gottes. Wieder wird auch der Lohn ausdrücklich erwähnt. Damit kann auch ein naheliegender Widerspruch zu Mt 5,16 aufgelöst werden, wo der Herr doch ausdrücklich sagt: »So laßt euer Licht leuchten vor den Leuten, damit sie eure guten Werke sehen und euren Vater im Himmel preisen.« Daß man gute Werke sieht, ist *eine* Sache, daß man sie tut, um gesehen zu werden, eine *andere*. Deshalb stehen im Griechischen auch zwei verschiedene Wörter für ›sehen‹, von denen das erste die einfache sinnliche Wahrnehmung mit den Augen betrifft, das zweite aber, im Passiv – »gesehen zu werden« –kommt in dem Fremdwort ›Theater‹ vor, wo etwas zum Zweck der Anschauung und des Beifalls vorgespielt wird. Gemeinsam ist jedoch dort wie hier die Beziehung auf Gott, von dem jedesmal als vom *Vater* gesprochen wird.

Wie steht es nun mit der Weisung zur Selbstprüfung beim Almosen? Der Unterschied wird in allen drei Fällen eingeschärft mit dem Wort »wahrlich«, d.h. »Amen« – ich sage euch, sie haben ihren Lohn schon gehabt.« (V. 2.5.16). Das durch »Amen« betonte Wort Jesu in der ersten Person ist in der göttlichen Autorität des Richters gesprochen, und es stellt uns wiederum unter die Perspektive des über alle Welt kommenden Gerichts, bei dem nicht nur die offenkundigen Taten, sondern auch das, was im Herz verborgen ist, geprüft werden (1.Chr 29,17f; Ps 7,10; Apg 1,24; 15,8). Die Verborgenheit hat daher eine zweifache Bedeutung: Sie betrifft einerseits das, was in unserem Herzen geschieht; sie betrifft andererseits die noch ausstehende zukünftige Vergeltung im Gericht Gottes, und das Wort des Herrn bringt so das Licht Gottes in unser Herz. Deshalb geht jedesmal die Anrede von der Mehrzahl »ihr« in die Einzahl »du« über.

Was wird so in mir aufgedeckt und entfernt?

Es fällt auf, wie sehr unsere Umgangssprache von diesen Weisungen geprägt ist. Das beginnt mit dem aus dem neutestamentlichen Griechisch stammenden Wort Almosen (eleemosynee), was die Tat und Gesinnung der von Gottes Erbarmen kommenden Barmherzigkeit bedeutet. Aber auch daß man etwas »ausposaunen« läßt, wie es vorkommen mag, wenn Spenden mit direktem oder indirektem Hinweis auf Spender im Gottesdienst bekannt gegeben werden, ist vielleicht Anlaß zur Prüfung entsprechender Abkündigungen, Widmungstafeln und dergleichen. Wie weit geht aber dann unsere Selbstprüfung durch das Wort des Herrn, wenn wir überlegen, wie sehr wir in den verschiedensten Bereichen uns nach dem richten, was Beifall und Anerkennung der Öffentlichkeit findet mit der Frage, wie es »draußen ankommt«?

Es gibt viele Anlässe im christlichen Leben und bei kirchlichen Veranstaltungen, in denen etwas geschieht, um gesehen zu werden und ausposaunt wird, wofür man auf Beifall rechnet. So können Gottesdienste zum »Theater« werden, Beschlüsse von kirchlichen Gremien können sich an der öffentlichen Meinung orientieren, wie sie in Schlagzeilen paßt, und kirchliche Arbeitsbereiche geraten unter den Zwang, die gesellschaftliche Nützlichkeit oder die Solidarisierung mit bestimmten Gruppen zu demonstrieren. Als Lohn haben wir dann dabei öffentliche Zustimmung, Anerkennung und steigende Mitgliederzahlen vor Augen. Aber die Folge ist absehbar, daß mit solchen Zielsetzungen zwar Kirche und Christliches Anerkennung finden mögen, während weder der Vater im Himmel gepriesen noch in seinem Sohn Jesus Christus erkannt wird.

Ebenfalls sprichwörtlich in der Umgangssprache ist die Redewendung, daß »die Linke nicht wissen soll, was die Rechte tut«, und damit geht die prüfende Trennungslinie mitten durch uns hindurch, also auch durch alle vorbereitenden Erwägungen über Nützlichkeit und Möglichkeit von Almosen.

Hingegen wird der Blick ganz auf Gott gerichtet und auf den Lohn im Himmelreich, der vom Herrn seinen Jüngern in den Seligpreisungen fest zugesprochen ist: »Dein Vater, der in das Verborgene sieht, wird dir's vergelten.« »Dein Vater« ist

Gott nämlich durch den Sohn Gottes. So sind auch hier die angesprochen, die Kinder Gottes sind mit der Zusage und Freiheit des himmlischen Erbes (Mt 5,5; Röm 8,15–17; Gal 4,1ff). Die Wohltätigkeit der Kinder Gottes unter dieser Zusage geschieht also nicht, *damit* wir den Lohn empfangen, sondern *weil* dieser Lohn uns zugesagt ist und damit wir ihn nicht verlieren, indem wir bei Menschen Lohn und Anerkennung suchen.

»Vergelt's Gott« ist, wieder aus der Umgangssprache, der fürbittende Dank des Empfängers für den Spender. Das ist eine weithin vergessene Erinnerung, daß auch wir nicht Dankbarkeit und Anerkennung für unsere Almosen von Menschen erwarten oder gar fordern sollen, wo wir doch wissen, daß wir Lohn von Gott empfangen werden.

Was im Herzen verborgen ist, ist vor Gott offenbar. Für uns aber wird durch das Wort Gottes offenbar, was wir als Menschen nicht sehen wollen oder können: »Ein Mensch sieht, was vor Augen ist; der Herr aber sieht das Herz an« (1.Sam 16,7).

Schließlich ist noch zu bedenken, daß die guten Werke nicht ergänzend neben dem Glauben stehen oder auf ihn folgen. Sie stehen vielmehr unter dem Glauben und folgen aus der Tatsache, daß durch Christus Gott unser Vater ist. Er richtet die Menschen nicht nur nach der Vordergründigkeit ihrer Taten, sondern auch nach ihren Worten und sogar nach den Gedanken ihres Herzens. Vor ihm ist und bleibt nichts verborgen. Jede Scheinfrömmigkeit, die vielleicht bei Menschen Anerkennung findet, wird von Gottes Wort nicht nur durchschaut, sondern wie mit einem Schwert abgetrennt (vgl. Hebr 4,12).

Wiederholung der Textlesung

Gebet

Herr, Vater im Himmel, der du in das Verborgene unseres Herzens schaust, erforsche und prüfe uns in dem, was wir tun, reden und denken. Du kennst die Eigensucht und Eitelkeit unseres Herzens und weißt, wie sehr wir das Urteil von Menschen suchen und fürchten, weil wir deiner Verheißung nicht vertrauen.

Herr, stärke durch das Wort deines Sohnes unseren Glauben in der Kraft deines Geistes, daß wir dir in unserem Nächsten dienen, weil du uns als deine Kinder angenommen hast.

Bitten / Fürbitten...

»Laß der Gottlosen Bosheit ein Ende nehmen, aber die Gerechten laß bestehen; denn du, gerechter Gott, prüfst Herz und Nieren« (Ps 7,10). Amen.

Wie man recht betet

Matthäus 5,38–42
Lukas 6,29-30

5 »Und wenn ihr betet, sollt ihr nicht sein wie die Heuchler, die gern in den Synagogen und an den Straßenecken
   stehen und beten, damit sie von den Leuten gesehen
   werden. Wahrlich, ich sage euch: Sie haben ihren Lohn
   schon gehabt.
6 Wenn du aber betest, so geh in dein Kämmerlein und
   schließ die Tür zu und bete zu deinem Vater, der im
   Verborgenen ist; und dein Vater, der in das Verborgene
   sieht, wird dir's vergelten.
7 Und wenn ihr betet, sollt ihr nicht viel plappern wie die
   Heiden; denn sie meinen, sie werden erhört, wenn sie
   viele Worte machen. Darum sollt ihr ihnen nicht glei-
   chen. Denn euer Vater weiß was ihr bedürft, bevor ihr
   ihn bittet.«

Die Gebetsunterweisung des Herrn für seine Jünger richtet
sich zunächst auf die Frage, *wie* man recht betet, und das betrifft hier den *Ort* (V. 5 u.6) und die *Form* (V. 7 u.8) des Gebets. Das nachfolgende Vaterunser lehrt den *Inhalt* des Gebets,
also *was* man recht betet. Dabei ist beim Almosen wie auch
beim Gebet die selbstverständliche Übung vorausgesetzt. Beter
sind angesprochen, und das Gebet ist in Übung bei Juden, Heiden und Christen. Das Beten ist nicht auf eine bestimmte Form
und Haltung festgelegt. Die biblischen Beispiele und Rede-

wendungen zeigen vielmehr, wie alles Denken, Fühlen und Reden des Herzens davon umschlossen ist und dabei erschlossen wird. Im Gebet spricht der Mensch sich vor Gott aus, und das soll er nicht nur tun, sondern das braucht er auch. Man könnte das Gebet daher durchaus als ein menschliches Grundbedürfnis und als Grundvollzug bezeichnen, der in dem besteht, was einen Menschen innerlich bewegt. So kann auch in der Bibel das Gebet, unabhängig davon, ob es laut oder leise geschieht, als »Gespräch meines Herzens vor dir« bezeichnet werden (Ps 19,15; vgl. 1.Mose 24,12–14 mit V. 45). Gebet ist also unmittelbare Gemeinschaft mit Gott, und deshalb fällt hier auch die Entscheidung über die rechte Gemeinschaft mit dem wahren Gott und die Prüfung der Aufrichtigkeit unseres Herzens in dem, was wir denken und sagen. So hängt das Gebet mit dem Bewußtseins- und Lebenszentrum des Menschen untrennbar zusammen; es ist nicht im isolierten Sinne ein frommer Ritus, sondern an dieser Stelle zeigt sich, was der Mensch ist, wie er ist und wer oder was sein Gott ist.

Was aber ist das Unterscheidende und Besondere christlichen Betens, von dem aus Ort, Form und dann auch Inhalt bestimmt werden?

Gleich dreimal begegnet das Besondere in diesen vier Versen: »dein Vater«, »euer Vater« (6.8) und danach »unser Vater«. Das Beten, wie es der Sohn Gottes seine Jünger lehrt, geht davon aus, daß Gott unser Vater ist und wir seine Kinder sind, daß wir durch die Gabe des Geistes so eng mit Gott verbunden sind, wie es die besitzanzeigenden Fürwörter zum Ausdruck bringen. Aus dieser Gemeinschaft der Kinder mit dem Vater folgt, daß die Begründung des Gebets im Neuen Testament immer die Form des Gebots hat: ihr sollt beten! (vgl. Mt 7,7–11; Lk 18, 1–8; Mt 26,41; Eph 6,18; 1.Thess 5,17 u.a.); darin liegt auch die Gewißheit der Erhörung. Das Gebet führt also nicht als Antwort oder Aufstieg zu Gott hin, sondern es kommt von ihm her. Ja es ist der Geist Gottes, der unserer Schwachheit aufhilft, der für uns eintritt und uns vor Gott vertritt: "Denn wir wissen nicht, was wir beten sollen, wie sich's gebührt; sondern der Geist selbst vertritt uns mit unaussprechlichem Seufzen..." (Röm 8,26). So ist beim christlichen Beten menschliches Tun göttliche Gabe, Ausdruck und Vollzug der Gemeinschaft mit Gott durch Jesus Christus im heiligen Geist.

Es ist leicht einzusehen, wie ohne diese Grundlage das Gebet in Selbstgespräch, in Selbstbetrachtung und dann auch sehr leicht in Selbstgefälligkeit umschlägt. Das Ich tritt sich selbst, anderen Menschen und schließlich auch Gott gegenüber. Das ist jene subtile Heuchelei, in der die Frömmigkeit sich selbst gefällt, sei es durch ein Auftreten im Spiegel der Öffentlichkeit, sei es durch Reden und Gesten, die sich im Grunde nicht an Gott, sondern an Menschen richten. Solches Beten aber ist im tiefsten Sinne gottlos, und das greift in heilsamer Prüfung durch das Wort des Herrn tief in die gottesdienstliche wie in die private Gebetspraxis auch der christlichen Gemeinde ein, wenn der Erfolg beim Menschen als Lohn gesehen wird. Wie viele gottesdienstliche Gebete beschränken sich auf die Anrede der Gemeinde, ohne die Gemeinde im Gebet vor Gott zusammenzufassen und zu vertreten? Bei wievielen Anleitungen und Übungen erwartet man einen Erfolg in Stimmung und Erfahrung für sich selbst, ohne an die Gemeinschaft mit Gott und das Stehen vor Gott zu denken?

Mit dem Hinweis auf das »stille Kämmerlein« wechselt die Anrede von der Mehrzahl »ihr« in die Einzahl »du«. Die Gemeinschaft im Beten ist damit nicht aufgehoben, aber es zeigt sich, daß sie im Wort des Herrn, nicht in der Erfahrung von Menschen begründet ist. Die abgeschlossene und fensterlose Kammer nach Jes 26,20 bietet die Möglichkeit der Absonderung auch im Haus und von der Familie. Doch diese Abgeschiedenheit richtet sich nicht gegen Menschen, sondern auf Gott, den Vater, der im Verborgenen *ist* und ins Verborgene *sieht*. Es ist eigenartig, daß dem betenden Reden des Menschen nicht Hören und Erhörung Gottes gegenübersteht, sondern das Sein und Sehen im Verborgenen, also Gottes Allgegenwart und Allwissenheit (vgl. Ps 139,1–5. 23–24). Wiederum geht es also, gerade auch im »stillen Kämmerlein«, um den ganzen Menschen, der sich vor Gott nicht verhüllen und verstecken kann, auch wenn er das immer wieder versucht (vgl. 1. Mose 3,7–11). Was anderen Menschen nicht zugänglich ist, was wir vor ihnen und vielleicht vor uns selbst verbergen wollen, ist vor Gott offenbar; es darf und soll daher auch vor Gott ausgesprochen werden. Denn wenn alle Anerkennung und Zustimmung durch Menschen als Lohn ausgeschlossen ist, richtet sich im Gebet alles auf die Vergeltung aus der verheißenen Seligkeit des Himmelsreichs. Wo diese Verheißung in den Seligpreisungen bereits Gegenwart ist, kann das Gebet der Kinder zum Vater immer nur Folge, aber nicht Voraussetzung dieser Seligkeit sein.

Davon ist in den Versen 7–8 schließlich die unterscheidende Form des Gebets der Kinder Gottes bestimmt: Das Beten nach der Anleitung des Sohnes Gottes ist nicht die Bedingung für die Erhörung, sondern die Zusage der Erhörung ist die Bedingung für das Gebet (vgl.Joh 14,13f; 15,7; 16,23–28; 1.Joh 5,14f; 1.Petr 5,7). Der Kausalzusammenhang von Gebet als Tat des Menschen und Erhörung als dementsprechende Tat Gottes ist also aufgehoben in die unauflösliche Gemeinschaft von Vater und Kind. Weil wir Kinder sind, wird der Vater uns hören; ja er weiß vor und über unserem Bitten, was wir brauchen. Das von solcher Gewißheit getragene Gebet kann und soll kurz sein, ohne Plappern und ohne viele Wörter. Daher die Ermahnungen Pred 5,1: »Sei nicht schnell mit deinem Munde und laß dein Herz nicht eilen, etwas zu reden vor Gott; denn Gott ist im Himmel und du auf Erden; darum laß deiner Worte wenig sein«; Sir 7,15: »…und wenn du betest, so mache nicht viele Worte« – und 2.Mose 14,15: »Der Herr sprach zu Mose: ‚Was schreist du zu mir?'« Die Erhörung beruht nicht in den Wörtern der Menschen, sondern im Wort Gottes.

Gewiß finden wir in der Heiligen Schrift auch Beispiele, wie die Unruhe und Ungeduld des Herzens im Gebet vor Gott ausgeschüttet wird (1.Sam 1,9–16; 5.Mose 9,7–29), oder auch das Gebetsringen des Herrn in Gethsemane angesichts des bevorstehenden Todes (Mt 26,36–46; Mk 14,32–42; Lk 22, 39–46;.Joh 12,27ff; 18,1). Und die hilflose Witwe gegenüber dem ungerechten Richter ist nach der Weisung Jesu für seine Jünger Beispiel für die Anleitung und Ermutigung, »daß sie allezeit beten und nicht nachlassen sollen« (Lk 18,1–8). Aber gerade auch das ist der Anspruch der Erwählten auf die Erfüllung der Zusage Gottes: »Sollte Gott nicht auch Recht schaffen seinen Auserwählten, die zu ihm Tag und Nacht rufen, und sollte er's bei ihnen lange hinziehen? Ich sage euch: Er wird ihnen Recht schaffen in Kürze« (Lk 18,7–8).

Zum christlichen Beten gehört schließlich das Amt von Gebet und Fürbitte (Apg 6,4; 1.Tim 2,1ff; Röm 12,12; 1.Thess 5, 17). Bei dieser Aufgabe und Möglichkeit ist die christliche Gemeinde in ihrer Weltverantwortung unvertretbar.

So kommt das Gebet nach dem Wort und im Namen Jesu aus der Liebe Gottes des Vaters zu seinen Kindern, und es besteht in dem Vertrauen der Kinder zu ihrem Vater. Im Gebet wird diese grundlegende Gemeinschaft mit Gott und zugleich für die Welt vollzogen.

Bei der Auslegung unseres Textes gibt Luther hilfreiche Anleitungen zum Beten:

»Welche Stücke und Eigenschaften zu einem rechten Gebet gehören... nämlich..., daß uns dazu treibe zum ersten Gottes Gebot, der es ernstlich befohlen hat, daß wir beten sollen; dann seine Verheißung, in der er uns zusagt, daß er uns erhören will; zum dritten, daß wir unsere Not und unser Elend ansehen, was uns drückt und auf dem Hals liegt, daß wir das alles frisch vor Gott tragen und auf sein Gebot und seinen Befehl vor ihm ausschütten; zum vierten, daß wir auf solches Wort und solche Verheißung hin mit gerechtem Glauben beten, gewiß und ohne Zweifel, daß er uns erhören und helfen will, und das alles im Namen Christi, durch welchen unser Gebet dem Vater angenehm ist, und um seinetwillen gibt er uns alle Gnade und alles Gute« (WA 32, 415 ,25–35).

»Aber der Christen Gebet, das im Glauben auf Gottes Verheißung geht und von Herzen seine Not vorträgt, das ist leicht und macht keine Mühe. Denn der Glaube hats bald gesagt, was er begehrt, ja mit seinem Seufzen, das das Herz tut und mit Worten, die das weder erfassen noch aussprechen können, wie Paulus sagt: ‚Der Geist betet‘ (vgl. 1.Kor 14,14–16; Röm 8, 22–27). Und weil er weiß, daß Gott ihn erhört, braucht er nicht ein solch ewiges Gewäsch zu führen... Darum haben die alten Väter wohl gesagt, es liege nicht an vielen langen Gebeten, sondern sie loben die kurzen Stoßgebete, wenn man mit einem Wörtlein oder mit zweien hinaufseufzt gen Himmel, und das kann man oft und viel tun, wenn man liest, schreibt oder einer anderen Arbeit nachgeht« (ebda 417,35–418,8).

Wiederholung der Textlesung

Gebet

Vater im Himmel, im Namen Jesu rufen wir dich an, weil du versprochen hast, uns zu erhören.

Bitten / Fürbitten…

»Mein Herz hält dir vor dein Wort: ‚Ihr sollt mein Angesicht suchen‘. Darum suche ich auch, Herr, dein Antlitz« – »Harre des Herrn! Sei getrost und unverzagt und harre des Herrn!« (Ps 27,8. 14). Amen.

Was man recht betet: Das Vaterunser
1.–3. Bitte:
Die Herrschaft des Vaters

Matthäus 6,9–10

9 »Darum sollt ihr so beten:
   Unser Vater im Himmel!
   Dein Name werde geheiligt.
10 Dein Reich komme.
   Dein Wille geschehe wie im Himmel so auf Erden.«

Das Vaterunser ist das Gebet, das Jesus seine Jünger gelehrt hat, als sie ihn baten: »Herr, lehre uns beten…« (Lk 11,1). In der Gebetsliteratur und Religionsgeschichte mag es Parallelen haben, bei deren Betrachtung aber nicht übersehen werden sollte, daß sich an diesem Gebet das Christsein des Christen und zugleich die Gemeinschaft der Christen in Raum und Zeit, ja über alle Unterschiede der Sprache und Trennungen der Kirchen manifestiert: »Vater unser.« Das ist die Gemeinschaft mit Gott, wie sie durch den Sohn Gottes eröffnet und durch die Gabe des Geistes, der sich gerade in dieser Gebetsanrede zeigt (Röm 8,15f; Gal 4,6), geschenkt wird. Deshalb ist das Vaterunser von alters her das Gebet der Getauften, und der Wortlaut des Gebets ist daher im Vollzug des Betens ein Ausdruck dieser Wirklichkeit der Gotteskindschaft an jedem Tag. »… seine volle Bedeutung erhält dieses Gebet erst im Munde des wiedergeborenen Christen. Nur dieser kann ja Gott im vollen Sinne des Wortes Vater nennen, nur dieser kann in rechtem Verständnis um das Kommen des Gottesreiches bitten, nur dieser kann beten: ‚Vergib uns unsere Schuld, wie wir vergeben unsern Schuldnern'. Das werden wir bei der Auslegung festzuhalten haben, und erst von diesem Standpunkt aus wird uns der Gehalt des Gebets deutlich werden« (Tholuck, Bergpredigt, 388). Wo aber das Beten verstummt, ist das ein Zeichen, daß es mit dem Glauben nicht stimmt.

Nach seiner Form ist das Gebet des Herrn kurz und klar gegliedert, und doch umfaßt es nach seinem Inhalt alles, was Gott und Mensch, Himmel und Erde betrifft. »...diese Kürze bewahrt einen großen Reichtum für eine ausführliche und segensreiche Auslegung. Denn was in den Worten kurz zusammengebunden ist, wird im Nachsinnen weit ausgegossen. Das umfaßt nicht nur die eigentliche Aufgabe des Betens mit der Verehrung Gottes oder dem Bitten des Menschen, sondern nahezu die gesamte Verkündigung des Herrn und alle Erinnerung für die Lebensordnung. Im Grunde ist dieses Gebet eine Kurzfassung des ganzen Evangeliums« (breviarium totius Evangelii) (Tertullian, De oratione c 1).

Das Gebet besteht aus drei Bitten und vier Forderungen, ohne jede schmückende oder distanzierende Umständlichkeit. So wird von den Kindern der Vater unmittelbar angeredet, der »weiß, was ihr bedürft, bevor ihr bittet« (Mt 6,8). Es ist ein Beten, das aus der Gewißheit der Erhörung und der Zuversicht der Erfüllung herkommt. Deshalb richtet sich alles, wie im einzelnen zu sehen ist, auf die Endzeit mit dem Kommen des Reiches Gottes.

Die drei ersten Bitten richten sich auf die Herrschaft des Vaters, und sie entsprechen dem Inhalt nach der ersten Tafel des Dekalogs mit den ersten drei Geboten bzw. dem ersten Teil des Doppelgebots. Gemeinsam ist diesen drei Bitten daher auch, daß sich das »dein« auf das bezieht, was zu Gott gehört und was von Gott getan wird. Die vier folgenden Forderungen richten sich auf »unsere« menschlichen Bedürfnisse und entsprechen darin der zweiten Tafel des Dekalogs bzw. dem zweiten Teil des Doppelgebots mit der Liebe zum Nächsten. Darin ist zeitliches Wohl, beginnend mit dem täglichen Brot, und ewiges Heil, endend mit der endgültigen Erlösung von dem Bösen, bruchlos miteinander verbunden.

Die drei ersten Bitten betreffen den *Namen*, das *Reich* und den *Willen Gottes*, mithin alles, was Gott ist, was er will und was er tut, bzw. alles, was in der Anrede »unser Vater im Himmel« enthalten ist, empfangen und zugeeignet wird. Die besitzanzeigenden Fürwörter »unser« und »dein« geben das zu erkennen.

Vater ist nicht eine beliebige Form der Anrede Gottes oder eine bildhafte Darstellung, die man etwa auch durch »Mutter« ergänzen könnte oder müßte. In der Erscheinung des Sohnes Gottes und der Gabe der Kindschaft ist »Vater« im strengen Sinne Offenbarung von Namen und Gegenwart Gottes aus der Ewigkeit in unserer Zeit. Aufgedeckt wird die Realität der in Christus begründeten Gemeinschaft von Gott und Mensch und unter den Christen. Der Erkenntnisgrund ist also nicht die Schöpfung im allgemeinen Sinne, sondern die Erlösung und die Heilszueignung in der Taufe, durch die wir Gottes Kinder sind, im besonderen Sinne. In dem Namen »Vater« wird also durch den Sohn Gottes erschlossen, wie Gott heißt, was er ist und tut und was wir als seine Kinder sind.

Schon die *erste Bitte*, in der wir Gott um die Heiligung seines Namens bitten, zeigt, wie der Name Gottes untrennbar mit dem Wesen Gottes zusammenhängt. Deshalb wird im zweiten Gebot nachdrücklich vor einem Mißbrauch des Namens gewarnt, wie in dem damit verbundenen zweiten Gebot biblischer Zählung auch davor gewarnt wird, sich ein Bild und Gleichnis Gottes aus dem von Gott Geschaffenen zu machen (vgl. 5.Mose 4). Wer Gott aus Erfahrungen meint erkennen zu können und darstellen zu müssen, gerät unweigerlich in einen Bilderkult, bei dem Schöpfer und Geschöpf vertauscht werden.

Der Name Gottes begründet in seiner Offenbarung die Gemeinschaft mit Gott, wie sie in der Gebetsanrede zum Ausdruck kommt und vollzogen wird. Gerade deshalb kann Vater auch nicht bloßer »Begriff« oder bildhafte Vorstellung sein, sondern das betrifft die Ergriffenheit in der Gemeinschaft mit den Kindern, und wir werden hören und bedenken, wie darin Liebe, aber auch Ehrfurcht und Macht »im Himmel« miteinander verbunden sind.

Eine Erläuterung für die erste wie auch für die dritte Bitte findet sich im eigenen Beten Jesu, und das ist wieder ein Hinweis auf die Passionsgeschichte: »Vater, verherrliche deinen Namen! Da kam eine Stimme vom Himmel: Ich habe ihn verherrlicht und will ihn abermals verherrlichen« (Joh 12,28; vgl.13,31ff; 17,5ff). Diese Verherrlichung verweist auf den Weg zum Kreuz durch Tod und Auferstehung Christi. Und die dritte Bitte begegnet uns beim Gebetsringen des Herrn in Gethsemane, wo seine Jünger in der Willigkeit des Geistes und der Schwachheit ihres Fleisches wiederholt einschlafen, während der Sohn Gottes mit dem Vater im Gebet ringt: »Mein Vater, ist's nicht möglich, daß dieser Kelch an mir vorübergehe, ohne daß ich ihn trinke, so *geschehe dein Wille*« (Mt 26, 42; Mk 14,36). Es ist der Sohn, der den Willen des Vaters offenbart und an dem er sich erfüllt. Bei allem aber, was bei der Heiligung des Namens und der Erfüllung des Willens Gottes zu bedenken sein mag, zeigt sich so, wie unsere Bitte auf das gerichtet wird, was Gott zu tun verheißen und in Jesus Christus erfüllt hat: »Denn Gott hat uns wissen lassen das Geheimnis seines Willens nach seinem Ratschluß, den er zuvor in Christus gefaßt hatte...« (Eph 1,9).

Die *zweite Bitte* um das Kommen des Reiches bezieht sich einerseits auf Gottes Handeln als König und Richter, andererseits aber auch auf das Ende dieser Welt und das Anbrechen der Gottesherrschaft. Diese Bitte richtet sich daher auf jene Endzeit, die in Kreuz und Auferstehung Jesu Christi bereits angebrochen ist und die mit der Wiederkunft Christi ihre Vollendung finden wird. Die auf dieser Zusage beruhende Bitte hat eine wichtige Erkenntnisgrundlage in der Einsetzung des Herrenmahls; denn in der Erinnerung an das Abschiedsmahl werden wir durch das Wort des Herrn hingewiesen und hingeführt auf das himmlische Freudenmahl: »Ich sage euch: Ich werde von nun an nicht mehr von diesem Gewächs des Weinstocks trinken bis an den Tag, an dem ich von neuem davon trinken werde mit euch in meines Vaters Reich« (Mt 26,29). Das Reich Gottes aber kommt, wenn Jesus Christus wiederkommt: »Denn sooft ihr von diesem Brot eßt und aus diesem Kelch trinkt, verkündigt ihr den Tod des Herrn, bis er kommt« (1.Kor 11,26).

Die *dritte Bitte* – »Dein Wille geschehe« faßt den ersten Teil des Gebets zusammen mit der Bestimmung »wie im Himmel so auf Erden«. Der Vater wird in seiner gegenwärtigen Offenbarung durch den Sohn angeredet. Unsere Bitten aber werden darauf gerichtet, daß »auch auf Erden« geschieht, was die in Christus vollzogene Verherrlichung seines Namens und Erfüllung seines Willens im Kommen des Reiches ist »auf Erden«, wo wir das alles jetzt noch nicht sehen und erleben. Durch diese Bitten aber werden wir als christliche Gemeinde in unsere besondere Verantwortung für diese vergehende Welt eingewiesen, und ohne solches Beten würde diese besondere Aufgabe und Möglichkeit der Christen versäumt: Gott will, daß wir ihn bitten, auf der Erde zu tun, was er in Jesus Christus im Himmel bereits erfüllt hat!

Kann man als »Untätigkeit« oder »Quietismus« bezeichnen, was die von Gott gebotene Tat des Gebets ist? Kann man als wirkungslos ansehen, was Gott zu tun verheißen hat? Dies aber ist, wenn wir das Gebet des Herrn recht als geistliche Wirklichkeit erfassen, *nicht eine Frage von Glauben und Handeln, sondern von rechtem und falschem Glauben*, dessen Bewährung in der unermüdlichen Beharrlichkeit des Betens liegt, was freilich, wie bei den Jüngern in Gethsemane, immer wieder auf die Schwachheit unseres Fleisches trifft.

Wiederholung der Textlesung

Gebet

Herr, Vater im Himmel, durch deinen Sohn hast du uns deinen Geist gegeben, in dem wir dich in liebender Zuversicht als deine Kinder anrufen: Erfülle an uns, was du in Jesus Christus vollendet hast; heilige deinen Namen, laß dein Reich kommen, daß auf Erden geschehe, was du in deinem ewigen Rat beschlossen und in deinem Sohn vollbracht hast.

Bitten / Fürbitten…

»Unsere Hilfe steht im Namen des Herrn, der Himmel und Erde gemacht hat« (Ps 124,8). Amen.

Was man recht betet: Das Vaterunser
4.–7. Bitte:
Die Bedürfnisse der Menschen

Matthäus 6,11–13

11 »Unser tägliches Brot gib uns heute.
12 Und vergib uns unsere Schuld, wie auch wir vergeben unsern Schuldigern.
13 Und führe uns nicht in Versuchung, sondern erlöse uns von dem Bösen.
Denn dein ist das Reich und die Kraft und die Herrlichkeit in Ewigkeit. Amen.«

In der vierten bis siebten Bitte, die auch als Forderungen bezeichnet werden, sind die Bedürfnisse des Menschen aufgenommen. Hieß es im ersten Teil *dein* Name, Reich und Wille, so heißt es nun: *Unser* tägliches Brot, *unsere* Schuld, führe *uns* nicht in Versuchung, sondern erlöse *uns* von dem Bösen. Damit hält sich die in der Anrede »Vater unser« enthaltene Gemeinschaft auch in den Bedürfnissen des Lebens in der Gemeinschaft der Jünger Jesu durch. In der Sache, also nicht in der Verbform, umschließen diese Bitten alle drei Zeitformen: Das tägliche Brot *heute* betrifft die *Gegenwart*, die Vergebung der Schuld betrifft die Bewältigung der *Vergangenheit*, die beiden Bitten um Bewahrung vor Versuchung und Erlösung von dem Bösen richten sich auf die *Zukunft*.

»Unser tägliches Brot gib uns heute«. Vielleicht ist das schon ein Hinweis darauf, daß das Vaterunser ein Morgengebet ist. Wie zum Brot alles zu rechnen ist, »was zur Leibes Nahrung und Notdurft gehört« vom Essen über Kleidung, Arbeit, Familie, Obrigkeit, »gut Wetter, Friede, Gesundheit, Zucht, Ehre, gute Freunde, getreue Nachbarn und desgleichen«, hat Luther im Kleinen Katechismus entfaltet. Wofür wir hier bitten, dafür haben wir auch zu danken, wenn wir den Überfluß an täglichen Gottesgaben bedenken, mit denen wir überschüttet werden.

Auffallend ist die doppelte zeitliche Bestimmung durch »tägliches« Brot und »heute«. Darin ist eine Eingrenzung zu erkennen, die zunächst einmal die Sorge um das »Morgen« – davon später bei Mt 6,25–34 – ausschließt. Tägliches Brot für heute ist das, was uns für den Tag bestimmt und nötig ist, ähnlich 2.Mose 16, wo das Volk auf der Wüstenwanderung das Manna als »Brot vom Himmel« jeweils für den Tagesbedarf bekommt, und zwar nicht einmal wie viel oder wenig einer sammelte, sondern »so viel er zum Essen brauchte« (2.Mose 16,18). Nur für den von Gott eingesetzten Sabbat wurde am Tag zuvor das Doppelte gesammelt. So auch das Bittgebet in Spr 30,8f: »Armut und Reichtum gib mir nicht; laß mich aber mein Teil Speise dahinnehmen, das du mir beschieden hast. Ich könnte sonst, wenn ich zu satt würde, verleugnen und sagen: Wer ist der Herr? Oder wenn ich zu arm würde, könnte ich stehlen und mich an dem Namen meines Gottes vergreifen.«

Wenn wir so unseren Vater um das bitten, was er für unseren täglichen Bedarf vorgesehen hat, dann werden wir auch daran erinnert: »Der Mensch lebt nicht vom Brot allein, sondern von einem jeden Wort, das aus dem Mund Gottes geht« (Mt 4,4; 5.Mose 8,3). So werden auch wir an den erinnert, der von sich gesagt hat: »Ich bin das Brot des Lebens« (Joh 6,35. 41. 48. 50) und der seinen Jüngern mit dem Brot seinen Leib austeilt: »Für euch gegeben...« und den Kelch des Neuen Testaments in seinem Blut »für euch vergossen zur Vergebung der Sünden«. Das ist die geistliche Speise, die auch zum täglichen Brot auf der irdischen Wanderschaft gehört (1.Kor 10,3).

Wo wiederum die Passion und das Heilswerk Christi durchscheinen, wird in der fünften bis siebten Bitte die Wirklichkeit der Schuld, der Versuchung und des Bösen aufgenommen, und das geschieht jeweils in den elementaren Bezügen.

»Vergib uns unsere Schuld...«, nämlich um Christi willen. Was in Lk 11,4 »Sünde« als Verfehlung und in Mk 11,25 als »Übertretung« oder Fall im Straucheln bezeichnet wird, das wird hier mit einem Wort ausgedrückt, das aus dem Bankgewerbe stammt. Schuld ist daher, was als Entliehenes oder Anvertrautes zurückzuzahlen ist (vgl.Mt 18,23–35; 25,14–30). Schulderlaß aber bedeutet dann sowohl Zahlungsunfähigkeit auf der Seite des Menschen wie Geschenk auf der Seite Gottes, wo alles gegen den Menschen spricht, der ja nichts von sich selbst hat und geben kann. Das ist der Mensch, der sich selbst Gott schuldet. Daher soll die Schuld nicht auf die böse Tat in der Übertretung einzelner Gebote oder in auf das Versäumnis bestimmter Werke beschränkt werden, vielmehr geht es dabei um den ganzen Menschen, und dies täglich neu. Denn diese Bitte deckt uns auf, daß wir auch als Kinder Gottes unter der Sünde bleiben. Sünde, so als Schuld erkannt, betrifft den Menschen als Mensch.

Die Bitte um den Erlaß der Schuld ergibt sich aus dem Vertrags- und Bundesverhältnis mit Gott. Daher ist die Sünde nicht nur moralisch zu verstehen als falsche oder schlechte Verhaltensweise, sondern sie muß theologisch verstanden werden aus diesem Verhältnis Gottes mit uns Menschen.

Die Verbindung von Schuldenerlaß durch Gott in Christus und die Weitergabe an den uns gegenüber schuldig Gewordenen, ist so wichtig, daß sie Mt 6,14.15 noch einmal besonders aufgenommen und betont wird. Darum mag hier der Hinweis genügen, daß mit dieser Bitte für die Gemeinschaft in der christlichen Gemeinde täglich gilt: Nicht wir entschuldigen uns, sondern wir entschulden den, der uns Unrecht getan hat, so, wie und weil wir das von Gott in Christus täglich erbitten und empfangen.

Die sechste und siebte Bitte betreffen zuerst in negativer und dann in positiver Formulierung mit der Versuchung und dem Bösen das, was von außen an uns herantritt bzw. was in der Zukunft auf uns zukommt.

Dabei zeichnet sich in der sechsten Bitte »und führe uns nicht in Versuchung« die erschreckende Möglichkeit ab, daß Gott selbst in Versuchung führen kann. Wir denken an Hiob 1,6–2,13 oder Jes 63,17; wir denken an Christus, der nach der

Taufe mit der Offenbarung der Gottessohnschaft »*vom Geist* in die Wüste geführt (wird), damit er von dem Teufel versucht würde« (Mt 4,1–11). Deshalb ist Christus derjenige, »der versucht worden ist in allem wie wir, doch ohne Sünde« (Hebr 4, 18). Auch Abraham (1.Mose 22) ist ein Beispiel, wie ein Mensch von Gott in Versuchung geführt und damit auf die Probe gestellt wird.

Diese Einsicht ist, wovor Jak 1,13f warnt, kein Grund, die Versuchung vom Menschen weg auf Gott abzuschieben. Wohl aber ist es ein Grund, die Prüfung und Bewährung des Glaubens durch Anfechtung und Bedrängnis zu erkennen (Jak 1, 2ff; Röm 5,1ff). So erweist sich gerade in der Versuchung die Wirklichkeit des Glaubens, der ja vorhanden sein muß, um angefochten zu werden.

Den Jüngern Jesu gilt das Wort ihres Herrn: »Wachet und betet, daß ihr nicht in Anfechtung fallt« (Mt 26,41; Mk 14,38; Lk 22,46). Das ist die Ermunterung in dem Augenblick, als sie einschlafen, und das geschieht im Blick darauf, daß sie bei ihrem Herrn bleiben sollen auf dem Weg zum Kreuz, wo sie doch alle geflohen sind und selbst Petrus seinen Herrn verleugnete. Wir sollen nach dem, was die Schrift davon sagt, die Anfechtung nicht in die kleine Münze von Skrupeln, Verstehensschwierigkeiten und Verlegenheiten umwechseln, die zwar dazugehören mögen, doch das Entscheidende im Glauben ist die Gemeinschaft mit dem Herrn auch in der Kreuzesnachfolge. Denn darin liegt die Entscheidung von Tod und Leben, von ewiger Seligkeit und ewiger Verdammnis. So ist es die endzeitliche Prüfung, die auf die Gemeinde zukommt und von der es heißt: »Weil du mein Wort von der Geduld bewahrt hast, will auch ich dich bewahren vor der Stunde der Versuchung, die kommen wird über den ganzen Weltkreis, zu versuchen, die auf Erden wohnen« (Offb 3,10; vgl. Mk 13 pp.).

Unter diesem Ausblick der sechsten Bitte auf die Prüfungen der Endzeit steht auch die siebte Bitte um Erlösung von dem Bösen. Ob damit *das* Übel oder *der* Böse gemeint ist, was sprachlich beides möglich ist, braucht hier nicht entschieden zu werden, solange wir sehen, daß es um die Entscheidung der Endzeit geht.

Diese Erlösungsbitte aber gibt zu erkennen, daß Gott Herr ist über das Böse, das zwar gegen ihn stehen mag, das aber von ihm in Christus besiegt ist (1.Kor 15,50–58).

Wenn es bei der »Schuld« in der fünften Bitte um den Bruch des ursprünglichen Gottesverhältnisses ging und dessen tägliche Erneuerung, so geht es bei der Versuchung in der sechsten und bei dem Bösen in der siebten Bitte um die Macht, die uns in dieser Zeit von Gott wegführen und wegreißen will. Die entsprechenden Bitten aber meinen nichts anderes als: Bewahre uns die Seligkeit des ewigen Lebens, des Himmelreichs, die dein Sohn uns erworben, zugesprochen und geschenkt hat. Erfülle deine Zusage, daß uns nichts in dieser Welt abwenden oder überwinden kann; denn du, unser Vater, hast uns als deine Kinder in Christus angenommen.

Der Lobpreis, die Doxologie, beschließt das Gebet so, wie auch David Gott gepriesen hat und sprach: »Gelobt seist du, Herr, Gott Israels, unseres Vaters, von Ewigkeit zu Ewigkeit! Dein, Herr, ist die Majestät und Gewalt, Herrlichkeit, Sieg und Hoheit. Denn alles was im Himmel und auf Erden ist, das ist dein. Dein, Herr, ist das Reich, und du bist erhöht zum Haupt über alles« (1.Chr 29,10–11). Das ist der Ausdruck für die Gewißheit der Erhörung von allem, worum wir im Namen und mit den Worten Jesu unsern Vater gebeten haben. Reich oder Herrschaft, Kraft und Herrlichkeit, damit preisen wir die Hoheit und Macht unseres Vaters im Himmel.

»In Ewigkeit« ist ein Wort, daß sich unseren Vorstellungen entzieht, weil es alles umgreift und aufhebt, was Raum und Zeit nach unserer Erfahrung sein mag. Verstehen läßt sich das in der Tat nur aus der Zuwendung Gottes zu uns, der Himmel und Erde geschaffen hat und erhält, der auch den abgefallenen Menschen mit dem täglich Lebensnotwendigen versorgt und ihn zu sich zurückholt, damit er nicht verloren gehe, sondern ewiges Leben bei Gott empfange.

»Amen« – »ja, ja, es soll also geschehen«.

Gebet

Herr, himmlischer Vater, im Namen Jesu Christi, deines Sohnes, bitten wir dich um alles, was du uns für die Bedürfnisse unseres Leibes, unserer Seele und für das ewige Leben zugesagt hast. Führe uns in festem Glauben durch die Anfechtungen und Wirrnisse dieser vergehenden Welt zu der ewigen Seligkeit, in der wir dich schauen von Angesicht zu Angesicht.

Bitten / Fürbitten...

»Dein, Herr, ist die Majestät und Gewalt, Herrlichkeit, Sieg und Hoheit. Denn alles, was im Himmel und auf Erden ist, ist dein. Dein, Herr, ist das Reich, und du bist erhöht zum Haupt über alles. Reichtum und Ehre kommt von dir, du herrschest über alles. In deiner Hand steht Kraft und Macht, in deiner Hand steht es, jedermann groß und stark zu machen. Nun, unser Gott, wir danken dir und rühmen deinen herrlichen Namen« (1.Chr 29,11–13). Amen.

Empfang und Weitergabe
der Vergebung

Matthäus 6, 14–15

14 »Denn wenn ihr den Menschen ihre Verfehlungen vergebt, so wird euch euer himmlischer Vater auch vergeben.

15 Wenn ihr aber den Menschen nicht vergebt, so wird euch euer Vater eure Verfehlungen auch nicht vergeben.«

Die beiden Verse erscheinen wie ein Zusatz zum Vaterunser, aber auch wie eine Störung in dem Dreiklang von Almosen, Beten und Fasten Mt 6,1–18. Das aber gerade weckt die Aufmerksamkeit und hebt im Vaterunser noch einmal besonders die fünfte Bitte hervor, in der mit Empfang und Weitergabe der Vergebung die Tat Gottes und das Tun des Menschen, die Gemeinschaft mit Gott und die Gemeinschaft unter Menschen unmittelbar verbunden werden. Was dort im *Gebet* vor *Gott* gebracht wird, wird hier als *Gebot* vom Herrn seinen Jüngern eingeschärft. Vergebung der Sünde aber bildet nun einmal die Mitte im Wort Gottes Alten und Neuen Testaments, unter die und zu der wir immer wieder geführt werden (vgl. Mk 11,25f; Mt 18,15f; Sir 28,1ff u.ö.). Das trifft mitten hinein in unsere Lebenswirklichkeit der Schuld, wo sie gerade nicht vergeben, sondern nachgetragen, aufgerechnet und gerächt wird. Mit seinem Gebot will uns der Herr die Augen öffnen für die notwendige Bedingung und die erkennbare Frucht der fünften Bitte.

Das protestantische Gemüt reibt sich geradezu gewohnheitsmäßig an dem Kausalzusammenhang von menschlichem und göttlichem Handeln, der in diesem Wort gleich zweimal erscheint: Einmal positiv: Wenn ihr, so auch euer himmlischer Vater, und negativ: Wenn Ihr nicht – so auch euer himmlischer Vater nicht. Zusammenhänge dieser Art sind nicht selten, und im weiteren Text der Bergpredigt folgt eine ganze Reihe davon, und jeweils – ob beim Richten (Mt 7,1ff), beim Bittgebet (Mt 7,7ff) – finden wir das dann auch in dem Bildwort von dem guten Baum mit den guten Früchten und dem faulen mit den schlechten Früchten (Mt 7,16–20) als äußeres Unterscheidungsmerkmal für den inneren Menschen. Vor allem aber findet sich dieser Kausalzusammenhang in der vom Herrn den Jüngern mit der Gabe des Geistes übertragenen Vollmacht: »Was ihr auf Erden binden werdet, soll auch im Himmel gebunden sein, und was ihr auf Erden lösen werdet, soll auch im Himmel gelöst sein« (Mt 16,19; 18,18;.Joh 20,23). Grundlegend findet sich dieser Zusammenhang in dem Wort vom Bekennen und Verleugnen: »Wer nun mich bekennt vor den Menschen, den will ich auch bekennen vor meinem himmlischen Vater. Wer nun mich aber verleugnet vor den Menschen, den will ich auch verleugnen vor meinem himmlischen Vater« (Mt 10,32f; Mk 8,38; Lk 9,26; 2.Tim 2,12 u.ö.).

Wir haben keinen Grund und kein Recht, den Kausalzusammenhang zu fürchten und uns ihm zu entziehen, sondern wir haben allen Anlaß, auf das Wort des Herrn zu hören. Denn für uns selbst und für die Beziehung zu unserem Nächsten wird nun erschlossen, wie das, was hier in der Zeit vor und unter Menschen geschieht, seine Bedeutung und Folge hat vor Gottes Gericht in der Ewigkeit. Alle diese Worte sind nicht allgemeine Lebensregeln, sondern Worte des Herrn, und es ist daher hier wie in der ganzen Bergpredigt von grundlegender Bedeutung, daß wir auf das Wort des Sohnes Gottes hören und auf ihn blicken, wie er uns den Blick auf den Thron der Herrlichkeit, des Gerichts und der Gnade Gottes öffnet, so daß wir an ihm, dem Lamm Gottes, »das der Welt Sünde trägt« (Joh 1,29), erkennen, was vor Gott Vergebung der Sünde ist.

Im Blick auf Christi Person und Werk wird deutlich, wie die göttliche Gabe der Vergebung mit ihrer Weitergabe zusammenhängt und wesensmäßig verbunden ist: In der Gemeinschaft der Jünger Jesu wird erkannt und empfangen, was diese Gemeinde durch Christus vor Gott ist. Das ist das Priestertum in der Heiligkeit und Heiligung (vgl. 1.Petr 2,9).

Wenden wir von hier aus den Blick auf den Alltag unserer Lebenswirklichkeit, dann werden wir schon bei geringfügigen Kleinigkeiten im Herzen getroffen, wo wir ganz spontan, ja auch oft mit Überzeugung und Berechtigung statt Vergebung Vergeltung üben. Und wo wir beleidigt und verletzt sind, pflegen wir Forderungen zu erheben und Bedingungen aufzustellen, daß der andere »sich entschuldigt«, daß er seinen Fehler einsieht und ihn wieder gut macht. Dahinter mag sogar die Sorge stehen, daß sonst das Unrecht und das Böse siegen könnten und der Gerechte leidet. Aber hören und sehen wir dann nicht auch, daß dies genau die Forderung ist, die Gott in Kreuz und Auferstehung Jesu Christi erfüllt hat: »Denn Christus ist schon zu der Zeit, als wir noch schwach waren, für uns Gottlose gestorben. Nun stirbt kaum jemand um eines Gerechten willen; um des Guten willen wagt er vielleicht sein Leben. Gott aber erweist seine Liebe zu uns darin, daß Christus für uns gestorben ist, als wir noch Sünder waren...« (Röm 5,6–8).

Sündenvergebung hebt die Sünde nicht in einen Allgemeinbegriff auf, und deshalb ist hier in der Mehrzahl von »Verfehlungen« die Rede. Wir wissen, wie oft wir uns alltäglich gegenüber dem Wort Gottes verfehlen; noch mehr aber wissen wir, wie oft unsere Vergebungsbereitschaft an der Vielzahl und Wiederholung von Verfehlungen unserer Nächsten scheitert. So drängt sich bei den Jüngern die Frage an den Herrn auf: »Wie oft muß ich denn meinem Bruder, der an mir sündigt, vergeben?« (Mt 18,21ff). Nach der an dieser Stelle vorangehenden Gemeinderegel Mt 18,15–17 ist diese Grenze erst dort erreicht, wo nach einem Gespräch unter vier Augen, dann vor ein oder zwei Zeugen und schließlich vor der Gemeindeversammlung die angebotene Vergebung nicht angenommen wird.

Im weiteren Bedenken sehen wir an diesem so hart in unser Fühlen und Leben eingreifenden Wort noch etwas: Die Buße ist nicht die Bedingung für die Vergebung, sondern gerade umgekehrt ist in Christus und unter den Christen die Vergebung die Bedingung für die Buße als Umkehr und Sinnesänderung. Die Perikope vom verlorenen Schaf steht deshalb Mt 18, 10–14 unmittelbar vor der Gemeinderegel, und in Lk 15 wird uns mit den Gleichnissen vom verlorenen Schaf, vom verlorenen Groschen und schließlich vom verlorenen Sohn vor Augen geführt, wie wir durch die Liebe des Vaters in seinem Sohn zurückgeholt und erneuert werden, wie uns der Vater erwartet.

Damit ist auch einsichtig, daß diese Erneuerung überhaupt nicht wirklich werden und vorhanden sein kann, wenn sie nicht in unserem Leben wirklich vorhanden ist und erkennbar bezeugt wird aus der Freude der Buße im Himmel und auf Erden. Das aber ist dann auch nach dem Wort des Herrn der Prüfstein für uns, ob wir in seiner Nachfolge stehen oder ganz andere Wege der Vergangenheits- und Schuldbewältigung, möglicherweise auch der Weltveränderung und Zukunftsbewältigung, gehen. Wer um das Gericht Gottes über alle Welt weiß, der weiß, daß es nichts Wichtigeres und Dringlicheres gibt, als aus diesem Gericht zu retten. Und bedenken wir wohl, daß wir genau das tun, wenn wir die Vergebung, von der wir leben, an andere weitergeben. Alles, was unser Herr gibt und will, ist in diesen beiden Versen enthalten: Vergebung ist nicht Vergessen, sondern Rettung!

Wiederholung der Textlesung

Gebet

Herr, du kennst die Härte unseres Herzens und die Unerbittlichkeit unseres Gerichts, wenn wir unserem Nächsten nachtragen und aufrechnen, was er gegen uns verfehlt hat und uns schuldig geblieben ist. Wir bitten dich, erneuere unser Herz, daß wir weitergeben, was wir von dir täglich erbitten und empfangen, an alle, die uns zu tragen geben und für die wir dich bitten.

»Herr, du hast nach deiner großen Güte Buße zur Vergebung der Sünden verheißen... Ich bitte und flehe: Vergib mir, Herr, vergib mir. Laß mich nicht in meinen Sünden verderben und laß die Strafe nicht auf mir bleiben« (Gebet Manasses 7.13.14). Amen.

Wie man recht fastet

Matthäus 6, 16–18

16 »Wenn ihr fastet, sollt ihr nicht sauer dreinsehen wie die Heuchler; denn sie verstellen ihr Gesicht, um sich vor den Leuten zu zeigen mit ihrem Fasten. Wahrlich, ich sage euch: Sie haben ihren Lohn schon gehabt.

17 Wenn du aber fastest, so salbe dein Haupt und wasche dein Gesicht,

18 damit du dich nicht vor den Leuten zeigst mit deinem Fasten, sondern vor deinem Vater, der im Verborgenen ist; und dein Vater, der in das Verborgene sieht, wird dir's vergelten.«

Als drittes von den Werken der Frömmigkeit folgt nun auf Almosen und Gebet das Fasten. In gleicher Weise wird auch in diesem Fall das Werk aus der Schaustellung vor der Öffentlichkeit zurückgenommen in die Verborgenheit. Der Lohn besteht nicht in öffentlicher Anerkennung, sondern er kommt vom Vater. Die Realität der Gemeinschaft mit Gott und die Ausrichtung auf sein Gericht ist entscheidend.

Daß man fastet, ist selbstverständliche Übung auch des Gottesvolks mit fester Ordnung für das gemeinsame Fasten (3. Mose 16,29; 23,27ff) am Versöhnungstag oder bei Bußtagen (Jona 3,5ff; Joel 1,14f; 2,12ff), es gehört aber auch in die häusliche und private Lebensführung wie das Fasten zweimal in der Woche (vgl. Lk 18,12) oder auch aus Trauer und Buße (2. Sam

12,16–20). Christus fastet in der Wüste vierzig Tage und vierzig Nächte (Mt 4,1) ebenso, wie wir das von Mose hören, als er die zwei Tafeln des Gesetzes von Gott empfing (2. Mose 34,28; 5. Mose 9,9). Daß aber zum Befremden der Umwelt die Jünger Jesu nicht fasten, hat (nach Mt 9,14–15; Mk 2,18–20; Lk 5, 33–35) seinen klaren Grund darin, daß sie unter der Gegenwart des Bräutigams in der Freudenzeit leben: »Es wird aber die Zeit kommen, daß der Bräutigam von ihnen genommen wird; dann werden sie fasten« (Mt 9,15).

Die frühchristliche Gemeinde hat nach der altkirchlichen Lehrschrift »Didache« 8,1 den Mittwoch und Freitag, jüdischem Vorbild folgend, als Fasttag gehalten. Auch die Reformation hat das Fasten keineswegs abgeschafft (vgl. Augsburgisches Bekenntnis 26). Zur Vorbereitung auf den Empfang des Abendmahls heißt es im Kleinen Katechismus: »Fasten und leiblich sich bereiten ist wohl eine feine äußerlich Zucht; aber der ist recht würdig und wohl geschickt, wer den Glauben hat an diese Worte…« Im allgemeinen Verfall der Formen christlicher Lebensführung mag manches in Vergessenheit geraten sein. Geblieben aber ist, daß man zum Fasten kommt, weil man entweder nichts oder zu viel zu essen hat. Da die erste Möglichkeit bei uns zulande gegenwärtig nicht besteht, ist um so mehr der Verzicht auf Speisen und Genußmittel sowie körperliche Übung ein Mittel für Selbstbestätigung und Selbsterhaltung im Überfluß, wenn es um das Aussehen und Ansehen vor anderen geht.

Wenn aber nun die Frömmigkeit durch das Wort des Herrn aus dem Spiegel der Öffentlichkeit genommen wird, wo sie immer auf bewundernden Beifall rechnen kann, dann muß sie ebenfalls aus der selbstgefälligen Bewunderung auf der Waage und vor dem Spiegel im Badezimmer genommen werden. So wird deutlich, wie rechtes Fasten nicht nur im zeitweiligen Verzicht auf Nahrung besteht, sondern zur Befreiung von der Herrschaft der leiblichen Bedürfnisse führen soll. Wenn der Herr gebietet, beim Fasten das Haupt zu salben und das Gesicht zu waschen, dann soll auch die äußere Erscheinung unverändert bleiben.

Mit 1. Kor 7,5 sei daran erinnert, daß Fasten und Verzicht in Ehe und Familie sich nicht gegen die Gemeinschaft richten

darf, sondern in der Gemeinschaft nach Übereinstimmung –
»wenn beide es wollen« – erfolgen soll.

Was alles sieht der Vater im Verborgenen unseres Tuns,
Fühlens und Denkens, wenn wir uns so im Spiegel seines Wortes sehen? Was hätte er uns dafür zu vergelten, wenn der Lohn
nicht das wäre, was uns der Sohn als Seligkeit verheißen hat?

So erweist sich hier die Verborgenheit des christlichen Lebens
vor der Welt als seine Enthüllung vor Gott. Das aber ist nicht
eine privatisierende Verinnerlichung, der wir dann erst wieder
eine Wendung nach außen anzufügen hätten. Vielmehr stehen
wir so im Angesicht Gottes unter seinem Urteil im Licht der
ewigen Wahrheit: »Dein Vater, der im Verborgenen ist..., der
in das Verborgene sieht«.

Almosen als Dienst am Nächsten, *Gebet* als Anrede des
Vaters nach den Worten des Sohnes und *Fasten* als Entäuße-
rung von der Herrschaft unserer leiblichen Bedürfnisse sind
zwar verschieden nach ihrer Form und in ihrem Vollzug. Als
Ausübung der Frömmigkeit und Gerechtigkeit aber gehören
sie zusammen, weil wir damit in gleicher Weise vor dem er-
leuchtenden und prüfenden Angesicht Gottes stehen. Die Los-
lösung vom eigenen Ich unter der Gemeinschaft mit Gott verwirklicht sich so durch das Wort des Herrn in uns.

Wiederholung der Textlesung

Gebet

Herr, du willst, daß wir unserem Nächsten mit unseren Almosen dienen, daß wir dich im Gebet anrufen und daß wir im Fasten prüfen, ob wir uns an die Güter dieser Welt und die Bedürfnisse unseres Leibes verlieren und dich darüber vergessen.
Wir bitten dich: Erwecke unseren Glaubensgehorsam und
erneure uns durch dein Wort in allem, was wir sind und tun.

Bitten / Fürbitten...

»Wer kann merken, wie oft er fehlet? Verzeihe mir die verborgenen Sünden!« (Ps 19,13). Amen.

Der Schatz im Himmel

Matthäus 6,19–24

19 »Ihr sollt euch nicht Schätze sammeln auf Erden, wo sie die Motten und der Rost fressen und wo die Diebe einbrechen und stehlen.

20 Sammelt euch aber Schätze im Himmel, wo sie weder Motten noch Rost fressen und wo die Diebe nicht einbrechen und stehlen.

21 Denn wo dein Schatz ist, da ist auch dein Herz.

22 Das Auge ist das Licht des Leibes. Wenn dein Auge lauter ist, so wird dein ganzer Leib licht sein.

23 Wenn aber dein Auge böse ist, so wird dein ganzer Leib finster sein. Wenn nun das Licht, das in dir ist Finsternis ist, wie groß wird dann die Finsternis sein!

24 Niemand kann zwei Herren dienen: entweder er wird den einen hassen und den andern lieben, oder er wird an dem einen hängen und den andern verachten. Ihr könnt nicht Gott dienen und dem Mammon.«

Nachdem im vorangehenden Abschnitt Mt 6,1–18 die drei Werke der Frömmigkeit Almosen, Gebet und Fasten, aus der Öffentlichkeit in die Verborgenheit der Gemeinschaft von Gott und Mensch verwiesen wurden, folgt nun Mt 6,19–7,6 eine Reihe von vier apodiktischen, also unbedingten Verboten: Ihr sollt nicht Schätze sammeln (6,19), nicht sorgen (6,25), nicht richten (7,1), nicht Heiliges den Hunden geben und eure Perlen nicht vor die Säue werfen (7,6).

Mit dem ersten Verbot richtet sich der Lichtstrahl des Wortes Gottes auf unser Herz und auf das, was in ihm oft uns selbst verborgen ist (vgl. 1.Kor 4,5). Das geschieht mit der prüfenden Feststellung: »...wo dein Schatz ist, da ist auch dein Herz« (V. 21). Unter drei Aspekten wird geprüft, woran unser Herz hängt, worauf es sich verläßt, wovor es sich fürchtet bzw. worum es sich Sorge macht. Das ist ganz praktisch die Frage nach dem, was eigentlich unser Gott ist.

Der *erste Aspekt* (V. 19–21) lenkt unseren Blick auf die *Gegenstände*, die für uns einen Wert besitzen können. Was im einzelnen zu dem »Schatz auf Erden« gehören mag, ist an dem zu erkennen, was schädlich und zerstörend ist: Motten befallen Kleidung, Rost, genauer muß es »Fraß« heißen, verweist auf Schädlinge an Nahrungsvorräten, und Diebe schließlich machen sich über Geld und Wertgegenstände her. Es gibt auf Erden nach aller Erfahrung nichts, was einen bleibenden Wert hätte (vgl. Lk 12,16—21; 1.Tim 6,18–19; Jak 5,2–3; Sir 29, 13–17).

Der »Schatz im Himmel« steht dazu in radikalem Gegensatz, und dabei werden alle drei Möglichkeiten der Schädigung ausgeschlossen, ohne daß jedoch dieser unvergängliche Schatz im Himmel hier genauer bestimmt würde. Denn zunächst geht es um die Bindung des Herzens. Wie die Bindung an das Vergängliche unvernünftig ist, so ist die Bindung an das Unvergängliche vernünftig. Damit werden wir für unsere Selbstprüfung durchaus auf das angesprochen, was unser unausgesprochenes Bedürfnis nach etwas Bleibendem ist, auch dort, wo wir uns an Dinge dieser Welt binden und verlieren.

Der *zweite Aspekt* (V. 21–23) wendet unseren Blick von den Gegenständen *auf uns selbst* mit dem Verhältnis von Leib und Auge, von Licht und Finsternis. Dabei ist die leicht nachzuvollziehende Beobachtung aufgenommen, wie durch das Auge in ganz besonderer Weise die Verbindung von Innenwelt und Außenwelt des Menschen hergestellt wird. An dem gesunden, lichten oder kranken oder bösen Auge entscheidet sich, wie es mit dem Menschen insgesamt steht. Die Adjektive gesund/licht/krank/böse geben zu erkennen, wie leibliche Beschaffenheit und geistige Einstellung so miteinander verbunden sind, daß es den Menschen als Ganzen betrifft (vgl. 1.Mose 4,5–7). Aber, und das muß bei diesem Bildwort beachtet werden: Das Auge ist ein Organ zur Wahrnehmung und Aufnahme des Lichts, das es jedoch nicht selbst produziert. Doch wie bei dem ersten Aspekt nicht gesagt wird, was der unvergängliche Schatz im Himmel ist, so wird auch hier nicht aufgelöst, was mit dem Licht genauer gemeint ist, vielmehr wird ebenfalls die physisch-psychische Rationalität der zu prüfenden Entscheidung deutlich gemacht: Das liegt auf der Hand; vernünftig kann es nicht anders sein, und es bedarf keiner besonderen Einsicht, das zu erkennen, worauf es ankommt und worum es geht.

Der *dritte Aspekt* (V. 24) bringt die Auflösung des Bildlichen und stellt uns mit der Gegenüberstellung von *Gott* und *Mammon* in die Entscheidung zwischen Realität und Illusion. Nun wird klar, daß der unvergängliche Schatz im Himmel und ebenso das Licht für die Erleuchtung des Leibes Gott selbst ist, sein Reich und der von ihm verheißene Lohn, die ewige Seligkeit. Es wird ebenso deutlich, daß der Mammon für die vergänglichen Werte steht und für die Finsternis des Menschen in seiner Leiblichkeit, so daß er nicht richtig sieht und versteht. Was die Dinge und Werte dieser Welt dem unerleuchteten Menschen vorspiegeln, ohne die damit verbundenen Erwartungen jemals erfüllen zu können, wird in dem Wort Jesu entmythisiert, und wir werden zu Gott zurückgeführt, der die einzig wahre und bleibende Realität ist und dessen Verheißung nicht trügt.

Freilich, die Entscheidung zwischen Gott und Mammon ist keine freie Wahl. Das Verhältnis zu den beiden Herren wird durch Haß und Liebe, durch Anhängen und Verachten beschrieben, und das betrifft Affekte, die eine wesentlich tiefere Bewußtseinsbindung darstellen als nur eine vordergründige Wahl in distanzierter Beobachtung. Im Grunde ist hier an ein Dienst- bzw. Sklavenverhältnis zu einem Herren zu denken, in dem alle möglichen rechtlichen, sozialen und emotionalen Bindungen eingeschlossen sind. Der Sklave ist Eigentum des Herrn; er kann also nicht über sich selbst verfügen.

Dazu zeigt auch der Mammon in unserem alltäglichen Gebrauch biblischer Wörter ohne Übersetzung, daß damit nicht nur Geld, sondern zugleich eine Macht bezeichnet wird, die uns anzieht und der wir unterliegen. Daß sich unter den verschiedenen möglichen Ableitungen für dieses Wort auch eine findet, die mit dem Gebetswort »Amen« zu tun hat, zeigt, wie alles auf die Frage des ersten Gebots hinausläuft, was oder wer unser Gott ist, worauf wir unser Vertrauen setzen, woran unser Herz hängt. Denn, so heißt es in der Auslegung dieses Gebots in Luthers Großem Katechismus, »Das Trauen und Glauben des Herzens macht beide, Gott und Abgott«. In diesem Sinn ist auch das Wortspiel Lk 16,10–13 zu verstehen, wo Mammon und Treue in Verbindung gesetzt werden, was auch im Griechischen nur aus dem hebräisch-aramäischen Texthintergrund zu verstehen ist: »Wenn ihr nun mit dem ungerechten Mammon nicht treu seid, wer wird euch das wahre Gut anvertrauen?« So scheint in diesem Wort auch durch die Übersetzungen noch die Sprache Jesu durch. – Kol 3,5 kann diesem Wort entsprechend die Habsucht geradezu als »Götzendienst« (Idolatrie) bezeichnet werden.

Der Mensch wird also auf sein Verhältnis zu den Dingen und Werten dieser Welt angesprochen, und es wird dabei an sein vernünftiges Bestreben appelliert, wertbeständige Güter zu gewinnen. Zugleich wird ihm vor Augen geführt, wie unvernünftig er handelt, wenn er sein Herz an Vergängliches hängt und sein Vertrauen auf Dinge dieser Welt setzt. Auf diese Weise werden Bindungen und Abhängigkeiten aufgedeckt, die zur natürlichen Religiosität des Menschen gehören, ohne daß sie als solche durchschaut werden.

Indem die Wahrheit des Wortes Gottes Licht in das Dunkel unseres Herzens bringt, werden die »anderen Götter« in ihrer Wirksamkeit dekouvriert. In welcher Weise dabei auch Illusionen entschiedener Nachfolge aufgedeckt werden können, mag für weiteres Bedenken die Erzählung vom reichen Jüngling (Mt 19,16–22; Mk 10,17–22; Lk 18,18–23) deutlich machen: Der Jüngling richtet an Jesus die Frage nach dem ewigen Leben, die ihn bewegt. In all seiner untadeligen Erfüllung von Gottes Geboten wird ihm jedoch durch die Forderung, alles zu verkaufen, was er besitzt, und es den Armen zu geben, von Jesus gezeigt, daß es ihm im Grunde seines Herzens doch nicht um das *ewige Leben* und den Schatz im Himmel, sondern nur um das *gute Leben* auf Erden geht. Ohne dem auszuweichen, werden wir uns alle eingestehen müssen, daß dieses Wort des Herrn jeden von uns in solchen materiell-religiösen Bindungen und Abhängigkeiten trifft, über die wir ohne dieses Wort uns niemals Rechenschaft ablegen würden, selbst wenn wir aus Erfahrung die aus dem Zerbrechen irdischer Hoffnungen erwachsende Enttäuschung kennen. Mit dem ersten Gebot – »Ich bin der Herr, dein Gott. Du sollst nicht andere Götter haben neben mir« – wird also durch das Wort des Herrn die Vernunft zur Vernunft gerufen, wo sie unvernünftigen Illusionen erliegt.

Wiederholung der Textlesung

Gebet

Herr himmlischer Vater, weil du uns in deinem Sohn den Schatz im Himmel gegeben und ewige Seligkeit verheißen hast, erleuchtest du die Finsternis unseres Herzens in seinen Bindungen und Abhängigkeiten, in seinen Hoffnungen und Ängsten. Wir bitten dich, stärke in uns den Gehorsam des Glaubens, daß wir dich »über alle Dinge fürchten, lieben und dir vertrauen.«

Bitten / Fürbitten...

So laß uns, Herr, das Geheimnis erkennen, »das Christus ist, in welchem verborgen liegen alle Schätze der Weisheit und der Erkenntnis« (Kol 2,2–3). Amen.

Die unnötige Sorge

Matthäus 6, 25–34

25 »Darum sage ich euch: Sorgt nicht um euer Leben, was ihr essen und trinken werdet; auch nicht um euren Leib, was ihr anziehen werdet. Ist nicht das Leben mehr als die Nahrung und der Leib mehr als die Kleidung?

26 Seht die Vögel unter dem Himmel an: sie säen nicht, sie ernten nicht, sie sammeln nicht in die Scheunen; und euer himmlischer Vater ernährt sie doch. Seid ihr denn nicht viel mehr als sie?

27 Wer ist unter euch, der seines Lebens Länge eine Spanne zusetzen könnte, wie sehr er sich auch darum sorgt?

28 Und warum sorgt ihr euch um die Kleidung? Schaut die Lilien auf dem Feld an, wie sie wachsen: sie arbeiten nicht, auch spinnen sie nicht.

29 Ich sage euch, daß auch Salomo in aller seiner Herrlichkeit nicht gekleidet gewesen ist wie eine von ihnen.

30 Wenn nun Gott das Gras auf dem Feld so kleidet, das doch heute steht und morgen in den Ofen geworfen wird: sollte er das nicht viel mehr für euch tun, ihr Kleingläubigen?

31 Darum sollt ihr nicht sorgen und sagen: was werden wir essen? Was werden wir trinken? Womit werden wir uns kleiden?

32 Nach dem allen trachten die Heiden. Denn euer himmlischer Vater weiß, daß ihr all dessen bedürft.

33 Trachtet zuerst nach dem Reich Gottes und nach seiner Gerechtigkeit, so wird euch das alles zufallen.

34 Darum sorgt nicht für morgen, denn der morgige Tag wird für das Seine sorgen. Es ist genug, daß jeder Tag seine eigene Plage hat.«

Nachdem wir im Vorangehenden aufgeklärt wurden, wie es um unser Herz in seinem Verhältnis zu Gott und dem Mammon steht, wird nun vom Herrn die Folgerung – »darum sage ich euch« – für die Einstellung zu unserer Lebenswirklichkeit gezogen, auf die sich unser Blick richtet. »Sorgen« ist das sechsmal wiederkehrende Leitwort. Es bezieht sich unmittelbar auf die Einstellung des Herzens, zumal es im Griechischen (merimnan) etwas mit Teil und Teilung (meros) zu tun hat, wenn unser Herz geteilt ist, hin- und hergerissen zwischen Gott und den irdischen vergänglichen Gütern (vgl.1.Kön 15,3; 2.Chr 16,9; Hos 10,2; 1.Kor 7,29–35). Beim Sorgen geht es also um Glaubensbindung und Glaubensentscheidung. Auf der einen Seite stehen die Kinder Gottes, zu denen der Vater in seinem Sohn spricht und denen er das Kommen seines Reiches ankündigt. Auf der anderen Seite stehen die Heiden, für die das Lebensnotwendige den absoluten Wertmaßstab für ihr Hoffen und Handeln bildet. Luther hat das einmal so zusammengefaßt: »Also das Sorgen heißt ebensoviel, wie mit dem Herzen daran hängen; denn was das Herz nicht meint und lieb hat, darum sorge ich nicht. Und wiederum worum ich sorge, dafür muß ich ein Herz haben« (WA 32,459,2–5).

Es geht um den ganzen Menschen, um sein »Leben«, wofür im Griechischen das Wort »Seele« (psychee) steht. Seele aber als Bezeichnung für Leben geht von dem Vorgang des Atmens aus und hängt zugleich von der Ernährung mit Essen und Trinken ab. Es geht um den »Leib«, der auf Kleidung angewiesen ist, weil er den Wechsel der Witterung ertragen und vor Hitze wie vor Kälte geschützt werden muß. Es sind die realen Lebensbedürfnisse, die das Lebenserhaltende betreffen, und deshalb liegt hier auch der Ansatzpunkt für alles Sorgen um die eigene Existenz. Wer Hunger und Durst, Hitze und Kälte kennt, der weiß, wie bedrängend die Existenzangst einen Menschen überfallen und beherrschen kann.

Genau in solcher Beklemmung des Herzen werden uns die Augen geöffnet für das alltägliche Wirken Gottes in der Erhaltung seiner Geschöpfe:

Das Beispiel für die Versorgung und Erhaltung des Lebens mit *Nahrung* sind die Vögel unter dem Himmel (vgl. 1.Mose 1, 20), die versorgt werden, obwohl sie nicht einmal säen, ernten und in Scheunen sammeln, wie es der Mensch tut und also auch tun soll. Angesichts solcher Predigt vom Wirken Gottes für seine Geschöpfe ist die Sorge überflüssig, aber sie ist auch sinnlos, weil der Mensch durch Sorgen nichts ausrichten kann, da ihm sowohl für die Länge seines Leibes wie für die Dauer seines Lebens unüberschreitbare Grenzen gesetzt sind. So werden auch die sogenannten »Überlebensfragen« als Gegenstand der Sorge ausgeschlossen.

Das Beispiel für die Versorgung des Leibes mit *Kleidung* liefern die Lilien in der wildwuchernden Pracht der Blumen, und zwar sowohl mit ihrer üppigen Schönheit wie mit ihrer raschen Vergänglichkeit. Damit wird uns wiederum mit dem Wunder der Erhaltung zugleich die Grenze unserer Existenz vor Augen geführt.

Aber auch an den vergänglichen Blumen wird die Größe der Fürsorge Gottes anschaulich, da auch sie nicht einmal das tun, was Menschen zur Herstellung ihrer Bekleidung tun können und müssen, nämlich die wohl zuerst dem *Mann* obliegende Arbeit auf dem Feld und die der *Frau* obliegende Veredelung und Verarbeitung beim Spinnen.

Insofern haben die beiden Vergleiche aus der Natur jeweils eine doppelte Bedeutung: Sie verweisen einerseits auf die Größe der Fürsorge Gottes für die Erhaltung seiner Schöpfung gerade dort, wo diesen Geschöpfen jede Möglichkeit und Fähigkeit zur Selbstversorgung, wie der Mensch sie hat, abgeht. Sie verweisen andererseits mit dem »viel mehr« darauf, daß nicht nur der Mensch als Krone der Schöpfung (1.Mose 1,26ff; 2,15ff), sondern der Jünger Jesu als Kind des himmlischen Vaters dessen

Fürsorge, um die er bitten darf, kennt und empfängt. Dem Menschen, der sich, wie es in unserer Sprache so enthüllend heißt, »Sorge *macht*«, wird in aller Nüchternheit vor Augen geführt, daß er dies nicht nötig hat und daß er damit überhaupt nichts ausrichtet.Durch das Wort des Herrn wird uns der Blick geöffnet für das Wunder der Fürsorge Gottes in der uns umgebenden Natur.

Wenn wir für den Schluß dieses Abschnittes bei dem letzten Vers 34 einsetzen, fällt die Anspielung auf die vierte Bitte des Vaterunsers mit der Bitte um das »tägliche Brot für heute« auf, damit verbunden die Erinnerung an die Versorgung mit dem Tagesbedarf an Manna auf der Wüstenwanderung Israels (2.Mose 16,12–30). Damit zeigt sich: Der Ansatzpunkt für die unnötige Sorge ist nicht die Versorgung mit dem, was an Nahrung und Kleidung notwendig ist, sondern es ist das Morgen mit den Zukunftsfragen aus der Angst heraus, daß etwas fehlen könnte, ohne daß es schon fehlt.

Wer aber Gott, den Vater, in Christus kennt und als Kind zu ihm gehört und wer der Zusage des Reiches Gottes vertraut, für den kann und darf es solche Sorge aus Zukunftsangst überhaupt nicht geben, denn sie wäre ein Zeichen des Unglaubens und Ungehorsams.

Dieser alles entscheidende Gegensatz in unserem eigenen Herzen wird mit aller Schärfe und Deutlichkeit hervorgehoben in der Gegenüberstellung einer heidnischen Abhängigkeit von dem Lebensnotwendigen als absoluter Größe einerseits und »dem Reich Gottes und seiner Gerechtigkeit« andererseits. Diese besondere Gerechtigkeit des Reiches Gottes aber, wie sie uns durch Jesus Christus offenbart und geschenkt wird, besteht in der Gewißheit, daß Gott Recht schafft, weil er Retter und Richter ist.

In der Verheißung des Reiches Gottes ist uns die Zukunft in all ihrer natürlichen Undurchdringlichkeit erschlossen (vgl. Lk 21,34–36). Diese Gewißheit unseres Glaubens beruht aber weder in einem schicksalsergebenen Fatalismus noch in einem unveränderlichen Dualismus von gut und böse, sondern sie ist darin begründet und wird davon getragen, daß Gott unser Vater ist und wir seine Kinder sind, deren Sorge um die Zukunft in der Gewißheit aufgehoben wird, daß er in alle Zukunft bis zur Ewigkeit für uns gesorgt hat. Deshalb gilt: »Alle eure Sorge werft auf ihn; denn er sorgt für euch« (1.Petr 5,7).

Wenn bei diesem Wort in der deutschen Übersetzung menschliche Sorge und göttliche Fürsorge im Sorgen verbunden zu sein scheinen, muß bedacht werden, daß dafür im Griechischen zwei verschiedene Wörter stehen. Was menschliche Sorge ist, wird mit dem Teilen des Herzens ausgedrückt (merimnan), während die göttliche Fürsorge mit einer Vokabel bezeichnet wird, die Verbindung und Zusammenhang ausdrückt (melei). Was der Herr seinen Jüngern ans Herz legen will, kann daher so zusammengefaßt werden: Eine Zerteilung des Herzens aus Angst um die Lebensfristung ist weder nötig noch berechtigt für diejenigen, die durch Jesus Christus mit Gott als Kinder verbunden sind und zu ihm gehören. Wo wir sorgenvoll auf die für uns undurchschaubare Zukunft blicken, werden uns die Augen geöffnet für die Gegenwart der wunderbaren Fürsorge Gottes, mit der er seine Geschöpfe täglich und reichlich versorgt. Dann wird aus Angst Hoffnung, und Klage wandelt sich in Lob. Wir werden dann auch, beginnend bei den Tischgebeten, nicht versäumen, Gott, dem Vater, zu danken für alles, was wir von ihm zur Erhaltung unseres Lebens, zum Schutz unseres Leibes und zum Trost unserer Seele empfangen.

Wiederholung der Textlesung

Gebet

Herr, himmlischer Vater, du erhältst in wunderbarer Weise deine Geschöpfe. In deiner väterlichen Güte hast du auch uns immer wieder und täglich neu mit den vielen Dingen versorgt, die wir zur Erhaltung unseres Lebens und Bewahrung unseres Leibes brauchen. Wir danken dir und preisen dich dafür.

Wir bitten dich, befreie durch dein Wort unser Herz von aller Angst und Sorge um unsere Zukunft und stärke in uns die Gewißheit, daß uns nichts von deiner Liebe trennen (Röm 8, 28–39) und aus deiner Hand reißen (Joh 10,26–30) kann.

Herr, du hast uns gesagt: »Wirf dein Anliegen auf den Herrn; der wird dich versorgen und wird den Gerechten in Ewigkeit nicht wanken lassen« (Ps 55,23). So erhöre unser Gebet in Jesu Namen. Amen.

Menschliches Richten
steht unter dem Gericht Gottes

Matthäus 7,1–5
Lukas 6,36–42

1 »Richtet nicht, damit ihr nicht gerichtet werdet!
2 Denn nach welchem Recht ihr richtet, werdet ihr gerichtet werden; und mit welchem Maß ihr meßt, wird euch zugemessen werden.
3 Was siehst du aber den Splitter in deines Bruders Auge und nimmst nicht wahr den Balken in deinem Auge?
4 Oder wie kannst du sagen zu deinem Bruder: Halt, ich will dir den Splitter aus deinem Auge ziehen?, und siehe, ein Balken ist in deinem Auge.
5 Du Heuchler, zieh zuerst den Balken aus deinem Auge; danach sieh zu, wie du den Splitter aus deines Bruders Auge ziehst.«

Das Verbot des Herrn »richtet nicht!« ist ebenso eindeutig wie unbedingt. Auch das Wort »richten« soll nicht abgeschwächt werden; denn »richten« ist nicht nur ein »Beurteilen«, sondern es umschließt auch eine der Tat entsprechende Strafe und Vergeltung. Insofern steht dieses Wort in voller Übereinstimmung mit dem Verbot der Wiedervergeltung von Mt 5,38–42. Daß es dabei, wie das Bildwort vom Balken und Splitter im Auge betont, um »den Bruder« in der Gemeinschaft des himmlischen Vaters geht, soll nicht übersehen werden, zumal im folgenden Wort mit dem Verbot, das Heilige den Hunden zu geben und Perlen vor die Säue zu werfen (7,6), eine scharfe und richtende Grenze gezogen wird, die von der Gemeinde einzuhalten ist.

Entscheidend ist nicht allein das Verbot zu richten, sondern der Hinweis auf das göttliche Gericht: »...damit ihr nicht – nämlich von Gott – gerichtet werdet«. Damit treffen wir hier wie schon früher auf den Kausalzusammenhang zwischen dem, was wir tun bzw. nicht tun sollen und dem, was Gott entsprechend tun wird. In dem Paralleltext Lk 6,36–42 wird dies mehrfach ausgeführt.

Die dem Jünger Christi verbotene Wiedervergeltung bleibt dem Gericht Gottes vorbehalten, und dem unterstehen alle Menschen ausnahmslos (vgl. 2.Kor 5,10; Röm 14,10; Apg 10, 42; 17,31; Mt 25,31–46;.Joh 9,39 u.ö.). Auf dieses bevorstehende Gericht Gottes über alle Welt bezieht sich die Verkündigung des Evangeliums als der frohen Botschaft mit der Möglichkeit zur Umkehr und zur Rettung aus diesem Gericht (Mk 1,14). Darum heißt auch Reich Gottes stets Gericht Gottes und Rettung aus dem Gericht durch den Glauben an Jesus Christus, Gottes Lamm, das der Welt Sünde trägt (Joh 1,9f).

So ist klar, daß mit diesem oft mißverstandenen Wort keineswegs die Unterscheidung von Gerechtigkeit und Ungerechtigkeit, von Wahrheit und Irrtum aufgehoben oder für gleichgültig erklärt wird. Im Gegenteil wird erkannt, daß Gott selbst als Richter im Kommen seines Reiches und in der Durchsetzung seines Willens im Himmel und auf Erden diese Gerechtigkeit in Lohn und Strafe durchsetzen und verwirklichen wird. Davon, und das ist wichtig, ist keiner von uns ausgenommen. Vielmehr: gerade wenn wir aus dem Wort Gottes, was unbestritten ist, den unveränderlich geltenden Maßstab des Gerichts Gottes nach seinen Geboten kennen, müssen wir wissen, daß er genauso für uns gilt und auf uns angewendet werden wird.

Das sprichwörtliche Bild vom Splitter, den man im Auge des Bruders entdeckt, und von dem Balken, den man im eigenen Auge übersieht und mit dem man doch eigentlich überhaupt nicht mehr recht sehen kann, deckt uns in seiner geradezu grotesken Überzeichnung auf, was wir bei uns nicht sehen können oder wollen. Als »Heuchler«, im Griechischen »Hypokrit«, wird vom Herrn gescholten, wer ein Urteil über einen Bruder fällt, ohne zu erkennen, wie er selbst unter demselben Urteil steht. Deshalb ist die Perikope von Jesus und der Ehebrecherin. Joh 8,3–11 mit dem Wort des Herrn: »Wer unter euch ohne Sünde ist, der werfe den ersten Stein auf sie« (Joh 8,7) ein anschauliches Beispiel. Bei diesem Fall eines offenkundigen Ehebruchs wird weder die Berechtigung der Anklage wegen Übertretung des sechsten Gebots bestritten noch wird die schreckliche Strafe der Steinigung nach dem mosaischen Gesetz aufgehoben. Vielmehr wird von Jesus gezeigt: Wer selbst unter dem Gericht Gottes steht, kann nicht im Namen Gottes richten. Der Schluß dieser Perikope zielt auf die Vergebung mit der Rettung aus dem Gericht Gottes, wenn Jesus zu der Frau sagt: »So verdamme ich dich auch nicht; geh hin und sündige hinfort nicht mehr« (Joh 8,11).

Weil es in dieser Zeit Sündenvergebung mit Wirkung für die Ewigkeit gibt, hat die christliche Gemeinde weder Recht noch Vollmacht, das Endgericht Gottes schon jetzt zu vollziehen. So werden wir mit diesem Verbot zu richten zu der fünften Bitte des Vaterunser zurückgeführt, in der die Vergebung unserer Sünden vor Gott abhängig gemacht wird von der Vergebung der Sünde für unseren Nächsten, der uns Unrecht getan hat.

Leicht kann dieses klare Wort in ein leeres Prinzip blinder Gleichgültigkeit umgewandelt werden, mit dem man sich auch vielen Konflikten entziehen kann oder das letztlich dazu führt, daß nicht der Sünder, sondern die Sünde gerechtfertigt wird. Doch dabei wird dann in der Regel der klare Maßstab der Gebote Gottes und die unentrinnbare Strenge des kommenden Gerichts Gottes übersehen. Das aber führt dazu, daß die Gnade der Rettung aus dem Gericht durch das stellvertretende Leiden und Sterben Christi verspielt wird – als ob wir Recht und Möglichkeit hätten, dieses Gericht durch Verschweigen aufzuheben und ihm auszuweichen.

Der Paralleltext Lk 6,36–42 hat als Überschrift den Grundsatz: »Seid barmherzig, wie auch euer Vater barmherzig ist«. Barmherzigkeit und Erbarmen Gottes ist nach dem biblischen Verständnis keineswegs ein Gegensatz zu Gericht und Strafe, vielmehr hat das gerade seine Ursache im Wissen um das Gericht und um die Strafe. Jesus Christus, der uns sagt: »Richtet nicht, damit ihr nicht gerichtet werdet«, ist derjenige, der für uns gerichtet ist. Wie wir ausnahmslos von dieser Rettung aus dem Gericht in täglicher Vergebung der Sünde leben, so sollen und dürfen wir auch andere im Blick auf das kommende Gericht zur Umkehr und zum Empfang der Vergebung im Namen Jesu Christi rufen. Dies zu versäumen oder die Realität der Sünde zu übersehen oder gar zu beschönigen, würde nichts anderes heißen, als den Sünder lieblos und unbarmherzig dem Gericht Gottes auszuliefern.

Die Liebe Gottes in Jesus Christus ist die Liebe zu dem Sünder, der dem Zorngericht Gottes verfallen ist. Die daraus erwachsende christliche Liebe zielt daher auf den Empfang und die Weitergabe dieser Rettung aus dem Gericht. Genau darin besteht auch das neue Gesetz Christi: »Einer trage des andern Last, so werdet ihr das Gesetz Christi erfüllen« (Gal 6,2; vgl. Joh 3,34–35; 1.Joh 2,8; 3,23; 4,21).

Wiederholung der Textlesung

Gebet

Herr, himmlischer Vater, du bist Richter, und durch dein Wort lehrst du uns, wie du richtest und rettest.

Herr, so laß uns erkennen, was uns von dir trennt und öffne für uns und die Deinen den Weg zur Umkehr durch Vergebung für den Tag, an dem dein Reich kommt, daß wir einer des anderen Last tragen und so das Gesetz Christi erfüllen (Gal 6,2).

Bitten / Fürbitten...

»Gott, sei mir Sünder gnädig!« (Lk 18,13). Amen.

Die Bewahrung des Heiligen und die Grenze der Heiligung

Matthäus 7,6

6 »Ihr sollt das Heilige nicht den Hunden geben, und eure Perlen sollt ihr nicht vor die Säue werfen, damit die sie nicht zertreten mit ihren Füßen und sich umwenden und euch zerreißen.«

Die besondere Bedeutung dieses Verses zeigt sich dort, wo das Bild »Perlen vor die Säue werfen« in die Umgangssprache aufgenommen ist. Die besondere Schwierigkeit zeigt sich darin, daß in dem vorangehenden Wort das Richten über den Bruder mit dem Hinweis auf das Gericht Gottes untersagt wird, wie auch früher in dem Wort von der Feindesliebe (Mt 5, 43–48) ausdrücklich daran erinnert wurde, wie der Vater im Himmel »seine Sonne aufgehen läßt über Böse und Gute und läßt regnen über Gerechte und Ungerechte«. Doch in diesen beiden Worten ist das Gericht Gottes keineswegs aufgehoben, wohl aber aufgeschoben und in jedem Fall Gott vorbehalten. Das bleibt festzuhalten; denn damit steht auch dieses Wort in der Situation des bevorstehenden, doch aufgehaltenen Gerichts.

Tiervergleiche sind innerhalb wie außerhalb der Heiligen Schrift beliebt. Hunde und Säue sind Negativbeispiele, und für unrein gehaltene bzw. unangenehm erscheinende Tiere werden als Schimpfwort auch für Menschen verwendet. Klug sein »wie die Schlangen und ohne falsch wie die Tauben« sind positive Beispiele als Vorbild, wie dies Mt 10,16 im Zusammenhang der Anweisungen des Herrn für seine Apostel geschieht, die in sachlich enger Verbindung zu diesem Wort stehen. Wolf und Schaf (Mt 10,16; 7,15;.Joh 10) illustrieren einen unvereinbaren, ja vernichtenden Gegensatz zwischen Tieren, so auch bei Menschen. Man soll sich keine Illusionen machen: wie in der übrigen Natur so gibt es auch unter Menschen nicht nur Unverträglichkeiten, sondern einander ausschließende Gegensätze bis zur Vernichtung und dies trotz aller Gemeinsamkeit unter Gottes Schöpfung und Erhaltung, aber auch unter der gemeinsamen Erwartung des kommenden Gerichts. In beiden Fällen ist der weite Rahmen der Gemeinsamkeit von Gott gesetzt; daran werden wir ausdrücklich erinnert, und daran können wir auch nichts ändern.

Die für die Gemeinde notwendige Unterscheidung, ja Abtrennung, ist daher auch nicht von einer gefühlsmäßigen Verhaltensweise her bestimmt, sondern allein von der anvertrauten Gabe: »Das Heilige«, »eure Perlen«.

Das »Heilige« ist zwar weit gefaßt in der Vielzahl möglicher Deutungen; es ist hingegen klar abgegrenzt durch den Unterschied von dem, was nicht heilig ist. Das erinnert wieder an die erste Bitte: »Geheiligt werde dein Name...«; und in dem Namen ist alles eingeschlossen, was Gott ist, was er tut und wie er sich zu uns und wie wir uns zu ihm verhalten. Heiliges betrifft ferner Gabe und Ort des Opfers im Tempel. Es ist ausgeschlossen, Opferfleisch den Hunden vorzuwerfen. Wir erinnern uns daran, wie Heiligkeit und Heiligung durch Christus als Hoherpriester und Opfer zugleich geschieht: »Denn mit einem Opfer hat er für immer die vollendet, die geheiligt werden« (Hebr 10, 14). Deshalb wird auch in diesem Zusammenhang die Gemeinde an eine klare Grenze erinnert, die im Wissen um das Endgericht auch jetzt schon zu beachten ist: »Eine wieviel härtere Strafe, meint ihr, wird der verdienen, der den Sohn Gottes mit Füßen tritt und das Blut des Bundes für unrein hält, durch das er doch geheiligt wurde und den Geist der Gnade schmäht? Denn wir kennen den, der gesagt hat (5.Mose 32,35.36): ,Die Rache ist mein, ich will vergelten', und wiederum: ,Der Herr wird sein Volk richten'. Schrecklich ist's, in die Hände des lebendigen Gottes zu fallen« (Hebr 10,29–31). Die Gemeinde wird daher bei dem deutlichen Wort ihres Herrn nicht nur auf andere blicken, die als Hunde zu bezeichnen und zu meiden wären, sondern auf sich selbst, auf ihren Empfang des Heiligen und den Umgang damit. Das betrifft also die Spendung und den Empfang von Taufe und Abendmahl, und zwar einerseits im Blick auf den würdigen Empfang, der zuerst immer in der Erkenntnis und dem Bekenntnis der eigenen Unwürdigkeit besteht, sowie andererseits im Blick auf das daraus erwachsende Leben mit seinen Früchten des Glaubens. In der aus dem 2. Jahrhundert stammenden frühchristlichen Schrift »Didache« wird auf dieses Herrenwort hingewiesen und ermahnt: »Niemand aber soll von eurer Eucharistie essen oder trinken, sondern nur die auf den Namen des Herrn Getauften; und davon hat der Herr gesagt: ‚Ihr sollt das Heilige nicht den Hunden geben‘« (Did 9,5). Die unterscheidende, ja auch trennende Prüfung aber geschieht dabei durch das Heilige selbst. Das Wort des Herrn fordert einen verantwortlichen Umgang mit den Sakramenten in Spendung und Empfang.

Der zweite Teil des Bildworts mit dem Verbot, die Perlen vor die Säue zu werfen, macht vollends deutlich, daß es hier um das geht, was die Gemeinde von dem himmlischen Vater empfängt: »eure Perlen«. Damit können nach dem Gebrauch der Zeit kostbare Wörter mit tiefer Einsicht bezeichnet werden; sicher aber dürfen wir auch an das Gleichnis Jesu aus Mt 13,45–46 denken: »Wiederum gleicht das Himmelreich einem Kaufmann, der gute Perlen suchte, und als er eine kostbare Perle fand, ging er hin und verkaufte alles, was er hatte und kaufte sie.«

Daß die Gabe des Himmelreichs durch das Wort des Herrn ausgesät und empfangen wird, macht dieses Bildwort verständlich. Zugleich wird uns aber auch gezeigt, daß die Verkündigung des Wortes keineswegs unter allen Umständen zu geschehen hat, sondern daß es hier auch Grenzen gibt, wo die Verkündigung aufhören soll. Das Schwein gehört zu den unreinen Tieren (3. Mose 11,7), und 2. Petr 2,22 wird mit dem Beispiel von Hund und Schwein die Fruchtlosigkeit von Wort und Sakrament illustiert: »An ihnen hat sich erwiesen die Wahrheit des Sprichworts: Der Hund frißt wieder, was er gespien hat; und: Die Sau wälzt sich nach der Schwemme wieder im Dreck«. Wie sollten wir die Augen vor dem verschließen, wofür uns das Wort Gottes den Blick öffnet?

Wir werden uns mit diesem klaren Wort darüber im klaren sein müssen, daß es bei der Verkündigung des Wortes ebenso wie bei dem Empfang der Sakramente klare Grenzen gibt, die wir nicht überschreiten sollen, ja auch nicht überschreiten können, sondern wo dann von einem Mißbrauch des Heiligen zu reden ist, wo das Heilige nicht in seiner Heiligkeit erkannt und daher auch nicht in seiner heiligenden Wirkung aufgenommen und empfangen wird (vgl. 1. Kor 11,27–34).

Die deutliche Warnung zur Erkenntnis solcher Grenzen schließt uns selbst für die Prüfung unseres Glaubens und Lebens ein, so gewiß sie solche ausschließt, bei denen ein Interesse an den Gaben von Wort und Sakrament nicht von der rechten Einsicht und dem rechten Gebrauch bestimmt ist. Wenn man in dem Bestreben, viele zu gewinnen und alle festzuhalten, lediglich, wie das Bildwort zeigt, die Freßsucht von »Hunden« oder »Schweinen« befriedigt, dann kann es, wie die Warnung fortfährt, durchaus dazu kommen, daß die Gabe zertreten und der Geber selbst zerrissen und aufgefressen wird. Dies bedeutet, daß die Gemeinde, wenn sie meint, in der Welt aufgehen zu müssen, indem sie alle möglichen Bedürfnisse befriedigt, dann auch mit der Welt untergehen wird. Davor will der Herr die Seinen durch sein Wort warnen und behüten.

Wiederholung der Textlesung

Gebet

Herr, durch dein Wort gibst du uns in dieser Zeit zu erkennen, was vor dir gilt in Ewigkeit. Öffne, Herr, durch die Gabe deines Geistes unsere Einsicht und unsere Augen, daß wir nicht unseren eigenen Wünschen und Vorstellungen folgen und erliegen, sondern daß wir empfangen und weitergeben, was du zu unserer Erneuerung und Heiligung an uns tust.

»Heilige uns in der Wahrheit; dein Wort ist die Wahrheit«
(Joh 17, 17).

Amen.

Die Gewißheit der Gebetserhörung

Matthäus 7, 7–11

7 »Bittet, so wird euch gegeben; suchet, so werdet ihr finden; klopfet an, so wird euch aufgetan.

8 Denn wer da bittet, der empfängt; und wer da sucht, der findet; und wer da anklopft, dem wird aufgetan.

9 Wer ist unter euch Menschen, der seinem Sohn, wenn er ihn bittet um Brot, einen Stein biete?

10 oder, wenn er ihn bittet um einen Fisch, eine Schlange biete?

11 Wenn nun ihr, die ihr doch böse seid, dennoch euren Kindern gute Gaben geben könnt, wieviel mehr wird euer Vater im Himmel Gutes geben denen, die ihn bitten!«

Auf die vorangehende Reihe von vier *Ver*boten folgen nunmehr drei *Ge*bote: Bittet, suchet, klopfet an. Jeder einzelne Befehl hat eine Zusage: Es wird euch gegeben, ihr werdet finden, es wird euch aufgetan. Das passive Futur »es wird gegeben« verweist auf Gott, der das tun will und wird. Dieser Zusammenhang von drei Befehlen und drei Zusagen wird gleich zweimal wiederholt, und es ist im Verhältnis der Verse 7 und 8 zueinander eigenartig, wie Befehl und Zusage in Vers 7 durch eine Art von Regel in Vers 8 begründet wird. Man könnte von einem Zirkelschluß sprechen, bei dem der Gegenstand des Beweises zugleich der Grund für den Beweis ist, und das gilt nach allen logischen Regeln als ein Fehler (petitio principii). Aber das ist wichtig für das Verständnis des Gebets; denn dabei zeigt sich: Die alles bestimmende und tragende Begründung für das Gebet und seine Erhörung ist das Wort des Herrn, des Sohnes Gottes, der uns das sagt.

Mit diesem begründenden und tragenden Wort aber wird alles abgewiesen, was wir uns als Grund für Recht und Erfolg oder auch als Einwand gegen den Sinn und die Aussicht des Gebets ausdenken mögen, und darin pflegt unser Geist je nach Stimmung sehr erfinderisch zu sein. Doch nun gilt: Die Begründung des Gebets und die Zusage seiner Erhörung liegt ausschließlich in Gebot und Zusage des Herrn. Diese Regel bestätigt nur, was das Herrengebet enthält.

Drei Wörter bezeichnen den Vollzug des Gebets: Bitten, suchen, anklopfen. Keines davon ist auf den religiösen Ritus des Gebets beschränkt, und daher wird hier auch keine besondere innere Einstellung oder äußere Haltung für das Gebet beschrieben. Vielmehr sind es Alltagswörter und alltägliche Verhaltensweisen, wie sie – das folgende Beispiel bestätigt das – im täglichen Leben und menschlichen Miteinander selbstverständlich vorkommen. Für die Kinder Gottes ist das Reden mit Gott dem Vater etwas Natürliches; umgekehrt werden die natürlichen Regungen und Bedürfnisse ins Gebet aufgenommen.

Wohl aber ist in den drei Wörtern eine Steigerung der Eindringlichkeit vom Bitten, das durch Reden geschieht, zum Suchen, das mit den Augen oder Füßen geschieht, bis zum Klopfen, das mit der Hand oder gar mit Trommeln der Fäuste ausgeführt wird. Alles aber sind Ausdrücke der Forderung, wie wir das in der Form des Vaterunser oder beim Beispiel der bittenden Witwe und dem ungerechten Richter (Lk 18,1–8) vorgeführt bekommen.

Bitten ist in der Bedeutung des griechischen Wortes nicht nur eine Höflichkeitsform, sondern eine Forderung mit einem Anspruch.

Suchen richtet sich stets auf etwas, das man kennt oder auch verloren hat. Deshalb wird dieses Wort oft in dem Bundesverhältnis von Gott und Mensch dafür verwendet, wie Gott den Menschen – das verlorene Schaf – sucht und wie umgekehrt der Mensch Gott bzw. dessen Angesicht suchen soll (vgl. Lk 15; Jer 29,12–14; 5.Mose 4,29; Ps 29, 8; 34,5; 55,6 u.ö.). Das Gegenwort zu suchen mit den Augen und im Gehen ist das Irren und die Verirrung, wenn man den Weg, das Ziel und Gott nicht findet (vgl. Ps 119,176). Die Erfahrung der Wüstenwanderung Israels unter der Verheißung und dem Geleit Gottes ist bleibende Anschauung für diesen Vorgang.

Das *Anklopfen* schließlich setzt eine Tür voraus, durch die man in einen Raum oder in ein Haus kommt, und das schließt ein, daß man sich so bemerkbar macht, um von dem gehört zu werden, der hinter der Tür ist und von dem man weiß, daß er da ist.

In dieser Beschreibung des Gebets als Fordern, Suchen und Anklopfen zeigen sich Vorgänge, an denen der Mensch ganz beteiligt ist und mit denen er sich vernehmlich macht. Vor allem zeigt sich auch, daß dieser Mensch weiß, was er will und an wen er sich wendet.

Das angefügte Beispiel hebt genau auf diesen Zusammenhang ab, um aus der natürlichen Verbindung von Vater und Kindern zu zeigen, daß dies im Verhältnis des himmlischen Vaters zu seinen Kindern doch gar nicht anders, es sei denn viel besser, sein kann. Der »Vater im Himmel« ist als Gebetsanrede zugleich der Schlüssel für die Gebetsanweisung und für die Gebetserhörung: Es kann gar nicht anders sein, als daß ein Vater seine Kinder erhört.

Wir sollen durchaus an das eindringliche, quengelnde, ja quälende Bitten von Kindern denken, um den Sinn dieser Gebetsanleitung zu erfassen: Der Vater kann nur Gutes geben, er verbirgt sich nicht oder geht gar weg, und er verschließt sich nicht. So ist diese Begründung des Gebets eine Ermutigung zu einem elementaren, vertrauensvollen, aber durchaus auch anspruchsvollen Verhältnis zu dem Vater.

Wenn so das Verhalten im Gebet geradezu unbegrenzt die Eindringlichkeit menschlicher Bedürfnisse aufnehmen soll, gibt es dann etwa Grenzen in der Auswahl der Gegenstände für die Erhörung? In diesem Wort wird davon nichts erwähnt, sondern alles ist bestimmt durch die sich steigernde und andrängende Eindringlichkeit, die umgriffen ist von dem Vater-

Kind-Verhältnis von Gott und Mensch, in das wir durch den Sohn Gottes hineingenommen sind. Was könnte davon ausgeschlossen sein außer dem, was nicht zu Gott gehört? Daß Gott gute Gaben gibt, ist darin enthalten, und in Lk 11,13 sind die guten Gaben in der Gabe des heiligen Geistes zusammengefaßt, um die wir bitten sollen: »Wenn nun ihr, die ihr böse seid, euren Kindern gute Gaben geben könnt, wieviel mehr wird der Vater im Himmel den Heiligen Geist geben denen, die ihn bitten!« Der heilige Geist aber ist gerade diese alles umfassende und erneuernde Gemeinschaft von Gott und Mensch in Jesus Christus (vgl. Röm 8,12–17;.Joh 14,16. 17. 26; 15,26; 16,7). Wenn man die angeführten Stellen liest und bedenkt, fällt auf, wie in der verheißenen und deshalb zu erbittenden Gabe des Geistes die Gemeinschaft mit Gott begründet wird, in die der Geist uns führt und in der er uns erhält. Dazu gehört nicht zuletzt, daß der Geist unserer Schwachheit gerade auch im Gebet aufhilft: »Denn wir wissen nicht, was wir beten sollen, wie sich's gebührt; sondern der Geist selbst vertritt uns mit unaussprechlichem Seufzen« (Röm 8,26); er ist »Geist der Gnade und des Gebets« (Sach 12,10).

Wenn aber so der heilige Geist als Inbegriff der guten Gaben Gottes und zugleich als Ermöglichung des Gebets und Grund für seine Erhörung vor Gott erkannt wird, dann ist das keine Begrenzung für die Gegenstände von Bitte und Erhörung, sondern gerade das, was alles umfaßt, was wir sind, was wir brauchen und was uns durch das Wort Gottes erschlossen und in Jesus Christus geschenkt wird für Leben und Sterben, für diese und die zukünftige Welt.

So ist das christliche Gebet im Namen Jesu (Joh 14,13. 14; 16,13. 24) immer auch Wirkung und Zeichen des Geistes und mithin die Gabe des Glaubens. Es kann überhaupt nicht anders sein, wo das Gebot zu beten im Wort des Herrn in der Zusage der Erhörung enthalten ist: »Des Gerechten Gebet vermag viel, wenn es ernstlich ist« (Jak 5,16).

Gebet

Herr, himmlischer Vater, du befiehlst uns, dich zu bitten, dich zu suchen und bei dir anzuklopfen, weil du uns geben willst, was wir brauchen, weil du dich finden lassen und uns die Tür zu deinem himmlischen Reich öffnen willst.

In der Kraft deines Geistes bitten wir dich, Vater, als deine Kinder um die Gabe deines heiligen Geistes, der uns vor dir vertritt.

So bringen wir vor dich alles, was wir für uns und für alle bitten, die unserer Fürbitte anvertraut sind.

Bitten / Fürbitten...

»Mein Herz hält dir vor dein Wort: ‚Ihr sollt mein Antlitz suchen, darum suche ich auch, Herr, dein Antlitz‘« (Ps 27,8). Amen.

Die goldene Regel von Vernunft und Offenbarung

Matthäus 7,12
Lukas 6,31

---

12 »Alles nun, was ihr wollt, daß euch die Leute tun sollen, das tut ihnen auch!
Das ist das Gesetz und die Propheten.«

Gerade weil dieser Satz so selbstverständlich und einprägsam ist, daß er sich auch als Redewendung in der Umgangssprache findet, soll er mit besonderer Aufmerksamkeit aus dem Munde Jesu von seinen Jüngern aufgenommen und bedacht werden. Denn einerseits ist darin alles zusammengefaßt, was der Herr zuvor gelehrt hat; andererseits zeigt sich eine umfassende Übereinstimmung zwischen der Offenbarung des Wortes Gottes in »Gesetz und Propheten« mit vernünftiger Einsicht menschlicher Weisheit in den Verhaltensregeln der Leute. Damit tritt die Allgemeingültigkeit, aber auch die Allgemeinverbindlichkeit von Gottes Geboten hervor, wie sie auch im Herzen und Gewissen eines jeden vernünftigen Menschen (vgl. Röm 2,12–16) vorhanden ist. Das schließt daher auch die Verantwortung eines jeden Menschen in seinem Gewissen und vor dem Gericht Gottes ein. Mit diesem zusammenfassenden Wort werden wir daher auch wieder an den Anfang der Bergpredigt erinnert, wie bei der Anordnung der Zuhörer die Jünger unmittelbar vor ihm stehen, während die herbeigeströmte Menge dahinter steht, ebenfalls angesprochen wird und zuhört (Mt 5, 1; Lk 6,17–20).

Bedenken wir nun das Wort in dem, was gesagt wird, dann fällt zuerst auf, daß diese »goldene Regel« häufig vor und außerhalb der Christusverkündigung vorkommt, doch meist ist sie dann *negativ* formuliert: »Was du *nicht* willst, daß man dir tu, das füg' auch keinem andern zu« (Tob 4,16). Damit soll also Vergeltung und Bestrafung verhindert werden nach dem üblichen praktischen Grundsatz: »Wie du mir, so ich dir.«

Als Kompendium aller Verhaltensregeln legt Luther dieses Wort aus, wenn er dazu sagt: »Also gewöhne dich doch, diesen Spruch ein wenig anzusehen und mit dir selbst zu üben. Dann hast du eine tägliche Predigt im Herzen an allen Wesen und Werken, was du mit dem Nächsten handeln und zu tun hast. Dadurch kannst du fein lernen, alle Gebote und das ganze Gesetz zu verstehen und dich zu regieren und zu führen durch dein und aller Menschen Leben, daß du fein danach urteilen mögest, was in der Welt recht und unrecht ist« (WA 32,497, 37–498,4).

Die *positive* Formulierung des Grundsatzes zielt nicht auf Strafe, sondern auf Lohn, daß man anderen, so wäre dann erläuternd zu ergänzen, das Gute tut, was man selbst von ihnen erwartet. Das bezieht sich, wohlgemerkt, nicht auf die bereits vorliegenden Taten anderer Menschen, sondern auf unsere eigenen Wünsche und Bedürfnisse. Genau damit ist das Vergeltungsprinzip der allgemeinen goldenen Regel aufgehoben, und es ist das durchbrochen, was herrschende Meinung und Übung ist.

In der positiven wie in der negativen Formulierung des Wortes aber zeigt sich wiederum der Kausalzusammenhang von Lohn und Strafe, wie das nach dem zwischenmenschlichen Vergeltungsprinzip täglich praktiziert wird. Freilich, und das ist der Unterschied, wird entsprechend Mt 5,38ff die strafende Vergeltung des Bösen am Nächsten ausgeschlossen.

Das andere, was bei diesem Wort zu bedenken ist, betrifft die inhaltliche Übereinstimmung der Lehre Jesu in der Bergpredigt mit Gesetz und Propheten einerseits, wie das Mt 5,17 bereits betont ist, und mit menschlicher Vernünftigkeit und Klugheit andererseits. Es ist daher völlig abwegig, den Inhalt der Bergpredigt nur auf eine besondere Situation unmittelbarer

Erwartung des Weltendes als »Interimsethik« zu beziehen, deren Regeln nicht für die Probleme der heutigen Welt taugen und die sich nicht durchführen bzw. einhalten lassen. Vielmehr wären die Jünger Jesu samt allen umstehenden Zuhörern zu fragen, was denn eigentlich darin nicht höchst vernünftig und wünschenswert sein soll für menschliches Leben und Zusammenleben. Wiederum stehen wir mit dieser Frage dann nicht vor der Nichterfüllbarkeit dieser Weisungen, wohl aber vor ihrer Nichterfüllung und damit vor unserem bösen Willen und unserer Eigensucht bei jedem einzelnen Gebot. Wir stehen dann auch vor der bitteren Tatsache in dem »Fluch der bösen Tat, daß sie fortzeugend Böses muß gebären«, und daß mit solchem vergeltenden Richten Menschen einander zugrunde richten, weil wir nicht bereit sind, das Gute zu geben, das wir für uns selbst wollen.

In »Gesetz und Propheten« ist alles zusammengefaßt, was der offenbarte Wille Gottes in seinen Geboten ist und was Gott »vorzeiten vielfach und auf auf vielerlei Weise geredet hat zu den Vätern durch die Propheten« – und so »hat er in diesen letzten Tagen zu uns geredet durch den Sohn« (Hebr 1,1f). So geht es bei dieser Übereinstimmung von Gesetz und Propheten mit der Verkündigung Jesu und der rechten menschlichen Vernunft um die Identität des Willens Gottes und die unermüdliche Kontinuität in dessen Verkündigung in aller Welt und Zeit. Dem aber steht gegenüber nicht eine Entwicklung oder Veränderung menschlicher Verhältnisse und Verhaltensweisen, an die die Gebote anzupassen wären, sondern der stets neue Ungehorsam von uns Menschen, der sich vom Willen Gottes abwendet und selbst Gott sein möchte (1.Mose 3; Röm 1–3).

Die Zusammenfassung der Lehre von Gesetz und Propheten ist das Doppelgebot der Gottes- und Nächstenliebe (Mt 22, 34–40) oder auch die zweite Tafel des Dekalogs (vgl. Röm 13, 8–10 und Gal 5,15), ohne daß damit jedoch die erste Tafel mit der Gottesliebe zugunsten der Nächstenliebe und der mitmenschlichen Beziehungen aufgehoben und ausgeschlossen wäre. Denn es geht bei Gesetz und Propheten um den Willen *Gottes* und sein Heil für die Menschen.

Daran aber wird für jeden Menschen und alle Welt auch erkennbar, wie sehr wir Menschen gefangen sind, immer wieder das zu tun, womit wir uns selbst und unserem Nächsten Unrecht tun und Schaden zufügen. An der Summe des Gesetzes und dem stets neuen Ungehorsam gegenüber seiner Verkündigung durch die Propheten bis hin zu dem Sohn Gottes wird daher so unsere menschheitliche Verkehrtheit aufgedeckt. Das folgende Wort von den zwei Wegen zeigt, wie es mit solcher vernünftigen Einsicht praktisch bestellt ist.

Wiederholung der Textlesung

Gebet

Herr, durch dein Gesetz hast du uns deinen heilsamen Willen offenbart, durch deine Propheten hast du dein Volk immer wieder zurückgerufen, und zuletzt hast du durch deinen Sohn zu uns geredet (Hebr 1,1f). In der Heiligkeit deines Willens erkennen wir die Verkehrtheit unseres Herzens und unserer Vernunft, und deshalb bitten wir dich, befreie und erneuere uns zu neuem Gehorsam im Glauben durch dein Wort, daß wir den Menschen tun, was wir von ihnen für uns erwarten.

Bitten / Fürbitten ...

»Laß meinen Gang in deinem Wort fest sein und laß kein Unrecht über mich herrschen« (Ps 119,133). Amen.

Die beiden Pforten und Wege:
Eine Entscheidung auf Tod und Leben

Matthäus 7, 13–14

13 »Geht hinein durch die enge Pforte. Denn die Pforte
ist weit, und der Weg ist breit, der zur Verdammnis
führt, und viele sind's, die auf ihm hineingehen.
14 Wie eng ist die Pforte und wie schmal der Weg, der
zum Leben führt, und wenige sind's, die ihn finden!«

Was die Verheißung des Himmelreiches ist und welches die
daraus folgenden Weisungen für das Leben der Berufenen
sind, ist abgeschlossen und wurde in der goldenen Regel zusammengefaßt. Das Bildwort von Pforte und Weg ist daher
nun im wörtlichen Sinn der Übergang vom Hören in die Bewegung der Nachfolge. Das Wort des Herrn schickt auf den
Weg, es ist Wegbeschreibung und Weggeleit. In ihm liegt die
Entscheidung von ewiger Verdammnis und ewigem Leben.
Dieses Wort nun ist eine Aufforderung, genauer eine Einladung, bei der freilich die Zusage des ewigen Lebens im Gegensatz steht zu der dahin führenden engen Pforte und dem
schmalen, beschwerlichen Weg. Wenn die goldene Regel Jesu
Weisungen in ihrer Allgemeingültigkeit und Allgemeinver-
ständlichkeit zusammengefaßt hat, dann stehen wir nun bei
dem Übergang vom Hören zum Gehen vor der Tatsache unseres Urteilsvermögens, daß wir den bequemen Weg ebenso
vorziehen, wie wir uns lieber dort aufhalten, wo viele sind und
daß wir uns dem anpassen, was die meisten tun. Das Urteil

Gottes über Verdammnis und Leben verfährt nicht nach den Maßstäben menschlichen Wohlbefindens und mehrheitlicher Übereinstimmung. Die Erfordernisse der Ewigkeit lassen sich nicht auflösen in den Bedürfnissen und Forderungen der Zeit, wohl aber greifen die Entscheidungen für die Ewigkeit in diese Zeit und in unser gegenwärtiges Leben ein. Das geschieht durch das Wort unseres Herrn, das uns die Augen dafür öffnet.

Die weite Pforte und der breite Weg, auf dem die vielen gehen, braucht wohl nicht ausgemalt zu werden. Denn diese Möglichkeit empfiehlt sich wegen ihrer geringen Widerwärtigkeit und der breiten Zustimmung. Wohl aber ist für unsere Zeit zu bedenken, daß es sicher nicht dem Wort Christi entspricht, wenn Gottesdienste und kirchliche Veranstaltungen unter dem Gesichtspunkt ausgerichtet sind, einer großen Zahl angenehm zu sein, jeden anzusprechen und niemanden auszugrenzen. Das kann nur zu Illusionen verführen.

Die enge Pforte und der schmale Weg hingegen empfehlen sich nicht als bloßer Gegensatz, sondern das wird durch den Herrn empfohlen, und darin liegt das Entscheidende. Denn schon die Feststellung, daß »wenige sind's, die ihn finden«, hat mit Mt 7,7 zur Voraussetzung, daß sie auf das Wort des Herrn hin suchen und an der Tür anklopfen.

Der Weg zum Leben ist in der Kreuzesnachfolge der Weg durch Leiden und Tod zur Auferstehung. Er ist an Christus gebunden in der Weise, wie wir mit ihm verbunden sind. Und wir werden uns im Rückblick auf die ganze Bergpredigt, beginnend mit den Seligpreisungen und vor allem mit den Anweisungen für die Frömmigkeit – Almosen, Beten, Fasten –, klarmachen müssen, worin die Verborgenheit des Reiches Gottes und des verheißenen Lohns gegenüber der Einsichtigkeit für Menschen und Ansehen bei Menschen besteht, nämlich allein in dem, was des Herrn Wort uns zusagt, was er zu erkennen gibt und schenkt.

Die berufende Einladung zum ewigen Leben in der Nachfolge Christi aber stellt uns, nachdem die Verheißung des Reiches Gottes gegeben und die Weisung für das Leben erteilt worden ist, vor die unausweichlichen Konsequenzen. Dazu werden wir genau hören und sehen müssen, daß dieses Bildwort von den zwei Pforten und Wegen uns keineswegs vor eine Wahl stellt, sondern es vollzieht sich hier die Erwählung: Eingehen zum ewigen Leben (Mt 19,17; 25,21). Diesen Weg kann man nur gehen, wenn man unter diesem erwählenden Wort des Herrn bleibt. Denn nur so wird der Jünger bewahrt vor den vielen Abwegen und Verführungen, die unsere Bequemlichkeit und unsere Abhängigkeit von Anerkennung und Zustimmung der vielen ansprechen. Es ist, wie es Lk 13,24 heißt, ein Ringen, ein Kampf und Wettkampf. Und wenn man das Bildwort recht bedenkt, dann bleibt der schmale Weg nicht nur schwer und einsam, sondern der breite Weg, auf dem die vielen gehen, bleibt offensichtlich immer irgendwie im Blick als ständige Versuchung.

So ist es eigenartig, wie mit dem Bildwort von Pforte und Weg unsere Illusionen aufgedeckt werden, indem die Realität des Reiches Gottes in der Nachfolge Christi erkannt wird durch den Herrn, der von sich selbst sagt, »ich bin die Tür« (Joh 10,9) und »ich bin der Weg, die Wahrheit und das Leben; niemand kommt zum Vater denn durch mich« (Joh 14,6). Der Weg in der Nachfolge des Herrn bedeutet die Trennung von dem Weg der Welt. Wenn wir im Rückblick auf die vorangehenden Teile der Bergpredigt bedenken, wie der Maßstab des göttlichen Gerichts in Lohn und Strafe, Heil und Unheil vorgeführt wird, so wird uns nun in diesem abschließenden Teil gezeigt, was jetzt in dieser Zeit auf uns zukommt, wenn wir hinter dem Herrn nach seinem Wort hergehen. Damit begegnet uns auch wieder, was ganz am Anfang der Bergpredigt Grund für die Seligpreisungen ist. Der Jünger Jesu soll wissen, daß er auch und gerade dann der verheißenen Seligkeit gewiß sein darf, wenn er gegenüber der Annehmlichkeit einer vergehenden Welt die Beschwernisse der Kreuzesnachfolge unter dem Wort des auferstandenen Herrn erfährt.

Wiederholung der Textlesung

Gebet

Herr, du öffnest uns die Pforte und führst uns durch dein Wort auf den Weg zum Leben. Du selbst bist die Tür und der Weg zum Leben. Stärke, Herr, unseren Glauben und unseren Gehorsam, daß wir dir in getroster Zuversicht nachfolgen, daß wir uns nicht abschreken lassen durch Verfolgung und uns nicht verführen lassen von unseren eigenen Wünschen und Bedürfnissen.

Bitten / Fürbitten ...

»Du tust mir kund den Weg zum Leben: Vor dir ist Freude die Fülle und Wonne zu deiner Rechten ewiglich« (Ps 16,11).
Amen.

Die Warnung für die Gemeinde vor den Irrlehrern und wie sie zu unterscheiden sind

Matthäus 7, 15–20
Lukas 6, 43–45

15 »Seht euch vor vor den falschen Propheten, die in Schafskleidern zu euch kommen, inwendig aber sind sie reißende Wölfe.

16 An ihren Früchten sollt ihr sie erkennen. Kann man denn Trauben lesen von den Dornen oder Feigen von den Disteln?

17 So bringt jeder gute Baum gute Früchte; aber ein fauler Baum bringt schlechte Früchte.

18 Ein guter Baum kann nicht schlechte Früchte bringen, und ein fauler Baum kann nicht gute Früchte bringen.

19 Jeder Baum, der nicht gute Früchte bringt, wird abgehauen und ins Feuer geworfen.

20 Darum: An ihren Früchten sollt ihr sie erkennen.«

Nachdem unter der einladenden Erwählung Christi sich die Wege getrennt haben, beginnt erst die Beschwerlichkeit des engen Wegs und seine Einsamkeit. Die Versuchungen setzen ein, und die Macht des Bösen bleibt. Deshalb gehören die sechste und siebte Bitte auch in das tägliche Gebet des Jüngers Jesu Christi: Die Versuchung und das Böse gehören zu den Beschwernissen des Weges.

Die Warnung vor den falschen Propheten und die Anleitung zur Unterscheidung von Irrlehrern stellt uns vor die größte Anfechtung der christlichen Gemeinde, die nicht in der Schrecklichkeit von Verachtung und Verfolgung von außen an sie herantritt, sondern die in ihr selbst auftritt, und zwar durch solche, die Amt und Auftrag haben, ihr auf dem Weg zum Heil mit der rechten Lehre und in der Vorbildlichkeit des Lebens zu dienen. Der sprichwörtliche Wolf im Schafskleid sieht aus wie jedes andere Gemeindeglied, aber er ist etwas anderes, er will etwas anderes, und er bewirkt daher auch etwas anderes als das Heil in Christus.

Die Warnung vor solchen Leuten in der Gemeinde und die Anleitung, sie zu erkennen und sich von ihnen abzuwenden, ist daher heilsnotwendig. Deshalb muß das hier notwendige Richten auch ganz von der Rettung aus dem Gericht Gottes bestimmt sein, den wir täglich um Bewahrung anrufen sollen. Ja, im Neuen Testament wird die Gemeinde wiederholt darauf hingewiesen, daß das Auftreten von Irrlehrern, von falschen Propheten und Messiassen, also Personen, die sich als Christus ausgeben, zu den Zeichen der Endzeit gehört (Mt 24,9–14; Mk 13,21–23). Gerade in der Furcht vor dem Ende der Welt und in den Hoffnungen auf eine Errettung im absehbaren Untergang ist die Gemeinde zutiefst anfechtbar, weil es doch um das Ziel und die sichtbare Vollendung des Glaubens im Schauen (1.Kor 13,12) geht. Ein Zeichen des Endes ist also das Wachsen der Anfechtung in der Endzeiterwartung innerhalb der Gemeinde. Das ist Warnung und Trost zugleich.

Die Anleitung zur Unterscheidung ist auf den ersten Blick nicht leicht, und deshalb weist schon das Bild vom Wolf im Schafspelz darauf hin, daß der Irrlehrer nach dem äußeren Augenschein gerade nicht zu unterscheiden ist: Er gehört zur Gemeinde und geht von ihr aus (vgl. 1.Joh 2,19; 4,1ff); er paßt sich den Aposteln Christi an (vgl.1.Kor 11,13–15), und das betrifft sicher nicht allein die Art des Auftretens, sondern auch den Inhalt der Lehre (vgl. Apg 20,29–32). Diese Wölfe im Schafspelz mögen sich auch durch besondere Gestaltung der Spiritualität auszeichnen und dadurch anziehend wirken und fromme Bedürfnisse befriedigen (2.Tim 3,1–9), kurz: Sie sind gerade nicht abstoßend, sondern anziehend.

»An ihren Früchten sollt ihr sie erkennen«, das wird gleich zweimal (V. 16 u. 20) vom Herrn eingeschärft und mit Bildern veranschaulicht, die uns in der Natur vor Augen sind: Die Unmöglichkeit, Trauben an Dornen und Feigen an Disteln zu finden, die natürliche Gesetzmäßigkeit, daß die Früchte eines Baumes vom Wesen des Baumes bedingt sind und schließlich, die Bilder aus dieser Welt auf die Wirklichkeit der kommenden Welt übertragend, das bevorstehende Gericht, in dem von Gott her die endgültige Entscheidung gefällt wird. Damit sind der Horizont und das Ziel der notwendigen Unterscheidung angegeben: Es geht um die Früchte in der Zeit für die Ewigkeit. Wie es im Bild mit den Trauben, Feigen und anderen Baumfrüchten um Eßbares geht, das zur Ernährung dient, so geht es in der Auflösung des Bildes auch um die Speise bzw. Frucht für das ewige Leben (vgl..Joh 4,36), ein Sachverhalt, der auch in den Gleichnissen für das Reich Gottes mit dem Bild von Saat und Ernte, Unkraut und Weizen wiederholt vorgeführt wird.

Die Eigenart des Irrlehrers besteht darin, daß dieser natürliche Zusammenhang im Fruchtbringen und in der Ernährung durchbrochen wird, und deshalb muß auch die Gemeinde, die darauf angewiesen ist, unausweichlich absterben und verderben, wenn sie hier nicht aufpaßt. Das Urteil über die Irrlehrer ist daher auch nicht vordergründig moralisch, sondern im tieferen Sinne geistlich. Luther hat das seiner Gemeinde so gepredigt:

»Kommt aber einer mit schönen Schafskleidern, so sehe ich nicht nach seiner Larven, als wollte ich etwas anderes oder neues hören, sondern ob er mit meinem Evangelium stimme. Wo nicht, so bin ich gottlob so gefaßt und versichert, daß ich weiß, daß er ein falscher Prophet und reißender Wolf ist unter seinen Schafskleidern...

... Denn Schafskleider heißet er nicht böse Stück und grobe Sünden wie bei Heiden und Unchristen, sondern die trefflichen Namen und den Ruhm der rechten Christen, die da haben die heilige Taufe, das Abendmahl, Christum und alles, was Christi ist: Solches müssen sie alles mitbringen. Denn es muß keiner also daherkommen: Das sage ich, sondern also: Lieben Freunde, das sagt Christus, da habt ihr Gottes Wort und die Schrift, das müßt ihr glauben, wollt ihr selig werden;

wer anders lehrt, der verführt euch etc. Und sie führen den hochgelobten Namen Christi und Gottes und die schrecklich prächtigen Worte Gottes Ehre, Wahrheit, ewige Seligkeit und was mehr solcher Worte dazugehören. Wenn nun der Mensch solche trefflichen Worte hört und so hoch vermahnt wird bei seiner Seelen Seligkeit und Verdammnis, so erschrickt er und gibt sich so bald gefangen, wo er nicht dagegen gerüstet und wohl gefaßt ist. Denn das schneidet wie ein Schermesser und geht durch Leib und Seele.

Das ist ein Stück der Schafskleider. Zudem schmücken sie sich mit sonderlichen Werken und Weisen, gehen in grauen Rökken, sehen sauer drein und machen es hart und streng mit Fasten, Kasteien, hartem Lager etc. und leben gar nicht wie andere gewöhnliche Leute. Das tut abermal einen großen Stoß und bezaubert die Leute trefflich, daß sie mit Scharen ihnen zufallen…

Wer kann nun hier den Wolf darunter erkennen und sich davor hüten? Antwort: Ich weiß keinen andern Rat, als wie ich gesagt habe, daß ein jeder zusehe, daß er seiner Sache und der Lehre gewiß sei und habe sie so gefaßt im Herzen, daß er bei der Lehre bleiben kann, selbst wenn er alles, was auf Erden ist, anders lehren und leben sähe. Denn wer da will sicher fahren, der muß schlechthin keine äußerliche Larven in der Christenheit ansehen noch sich danach richten, sondern allein nach dem Wort, das uns zeigt das rechte Wesen, das vor Gott gilt. Als zum Exempel: Das Hauptstück und die Summe der christlichen Lehre ist das, daß Gott seinen Sohn Christum gesandt hat und dahingegeben und uns allein durch ihn alle Sünde vergibt, gerecht und selig macht: Das sollst du halten und nichts anderes…« (WA 32,509,7–510,27).

So sind die gute Frucht und die heilsame Lehre klar erkennbar, wenn wir bedenken, was bzw. wer aus dem Gericht Gottes rettet, nämlich Jesus Christus, der Sohn Gottes, sein Wort und sein Werk. Das Antichristliche (1.Joh 2,18ff; 4,3; 2.Joh 7) hingegen ist nicht nur das, was von außen gegen Christus und die Christen auftreten mag, sondern das, was in der Gemeinde an die Stelle Christi tritt, ihn verdeckt und verschweigt. Die Verleugnung Christi beginnt dort, wo das Christliche durch uns glaubwürdig gemacht werden soll.

Was mag demgegenüber alles nach menschlichen Maßstäben als »fruchtbar«, »nahrhaft«, »erbaulich«, »hilfreich« und »notwendig« ausgegeben und angesehen werden, ohne jedoch zu geben, was in diesem letzten Sinne heilsnotwendig ist. Deshalb wird uns bei dieser Warnung vor den Irrlehrern und der Anleitung zur Unterscheidung oft genug der Unterschied zwischen dem bequemen weiten Weg, den viele gehen, und dem engen, beschwerlichen Weg, auf dem man einsam ist, bedrängend überfallen, wenn wir nicht den Blick auf den gerichtet halten, der selbst die Tür zum Leben ist.

Die Gemeinde, die sich nach dem Wort des Herrn richtet, wird sich nicht nach Zunahme und Abnahme von Mitgliederzahlen richten. Sie wird sich aber auch nicht durch das Auftreten von Irrlehrern irremachen lassen; sie braucht sich weder zu empören noch zu verkämpfen. Sie wird sich vielmehr abwenden, weil sie sonst nur absterben kann, wenn Nahrung und Frucht fehlen.

Wer aber nicht in Christus ist und was nicht aus Christus kommt, kann niemals Frucht bringen als Nahrung auf dem Weg in diesem Leben zum ewigen Leben.

Wiederholung der Textlesung

Gebet

Herr, himmlischer Vater, wir bitten dich, behüte uns und deine Gemeinde vor falschen Lehrern und schädlicher Lehre. Gib uns durch deinen heiligen Geist in deinem Wort die Gabe der Unterscheidung, daß wir bei deinem Sohn, unserem Herrn Jesus Christus bleiben und ihm nachfolgen auch durch den Tod zum ewigen Leben.

Wir bitten dich, gib uns Pfarrer und Lehrer, die deine Gemeinde durch Wort und Sakrament weiden und bewahren.

Bitten / Fürbitten...

»... und führe uns nicht in Versuchung, sondern erlöse uns von dem Bösen«. Amen.

Die Drohung für die Irrlehrer

Matthäus 7,21–23
Lukas 6,46

21 »Es werden nicht alle, die zu mir sagen: Herr, Herr!, in das Himmelreich kommen, sondern die den Willen tun meines Vaters im Himmel.

22 Es werden viele zu mir sagen an jenem Tage: Herr, Herr, haben wir nicht in deinem Namen geweissagt? Haben wir nicht in deinem Namen böse Geister ausgetrieben? Haben wir nicht in deinem Namen viele Wunder getan?

23 Dann werde ich ihnen bekennen: Ich habe euch noch nie gekannt; weicht von mir, ihr Übeltäter!«

Auf die Warnung *vor* den Irrlehrern folgt nun die Drohung *für* die Irrlehrer, und damit fällt die heilsnotwendige Entscheidung über rechte und falsche Lehre nunmehr auf die Lehrer selbst zurück mit einer erschütternden Zuspitzung. Denn denen, die sich im Endgericht auf den rettenden Namen des Herrn berufen und ihn anrufen (vgl. Röm 10,8–13), wird dann an jenem Tag vom Herrn gesagt: »Ich habe euch noch nie gekannt; weicht von mir, ihr Übeltäter!« Die Möglichkeit einer endgültigen Verwerfung ist die drohende Warnung und der Anlaß zur sorgfältigen Selbstprüfung und Umkehr der Lehrer. Albrecht Bengel hat in seiner knappen Auslegung dieser Stelle eine Anleitung zu solcher Selbstprüfung in der Erwartung des kommenden Gerichts gegeben, wenn er die Verteidigungsrede der Angeklagten mit dem Hinweis ergänzt: »Wir haben doch Kommentare und exegetische Betrachtungen zu den Büchern und zu Stellen des Alten und des Neuen Testaments geschrieben, wir haben bemerkenswerte Predigten gehalten...« Mit der ersten Person der Mehrzahl schließt der Schreibende und Predigende sich selbst ein.

Das bloße Bekenntnis rettet nicht; es gibt ein Gericht nach den Werken (2.Kor 5,10; 1.Kor 3,12–15), und der Maßstab dabei ist, »den Willen meines Vaters im Himmel zu tun« (Mt 7, 21; vgl. 1.Joh 2,17).

Die erschütternde Zuspitzung dieser Prüfung ergibt sich daraus, daß sichtbare Taten durchaus nachweisbar sind. Es wäre daher falsch, den Gegensatz auf Lippen- und Tatbekenntnis festzulegen. In ihrer Verteidigung verweisen »die vielen« gerade auf Taten der Prophetie, der Dämonenaustreibung und Wunder, die »im Namen«, also unter Berufung auf Christus und unter Anrufung seines Namens vollbracht wurden. Hier sind Wort und Tat geradezu handgreiflich und augenfällig miteinander verbunden als höchster Ausweis menschlicher Glaubwürdigkeit.

Immer wieder aber wird die Gemeinde vom Herrn und von den Aposteln auf diese Möglichkeit eindrucksvoller Irrlehre hingewiesen, und das gehört zu den Zeichen der Endzeit (Mt 24; Mk 13; Lk 21; vgl. bes. 2.Thess 2,9–12; Apg 7,9–25). Bei genauerem Bedenken geht es also darum, daß die Zeichen und Wirkungen des Geistes durchaus erkennbar sind, während der Geistträger selbst verworfen ist.

Auf die verwunderte oder auch empörte Frage des Jüngers Johannes: »Meister, wir sahen einen, der trieb böse Geister aus in deinem Namen; und wir wehrten ihm, denn er folgt dir nicht nach mit uns« erwidert der Herr: »Wehrt ihm nicht! Denn wer nicht gegen euch ist, der ist für euch« (Lk 9,49–50; Mk 9,38–40). Das ist, wenn der Horizont des Endgerichts bedacht wird, nicht ein Aufruf zu entscheidungsloser Gleichgültigkeit. Wohl aber wird bei diesem Wort die Unterscheidung von Amt und Person des Amtsträgers hervorgehoben, auf die von den Reformatoren oft hingewiesen wurde, zumal wo die

Gefahr bestand, daß Menschen das Endgericht Gottes selbst vollstrecken wollen. Die Gewißheit ist vielmehr, daß die Zeichen des Geistes, der sich in dem Bekenntnis, daß Jesus der Herr ist (1.Kor 12,3), manifestiert, erkennbar und wirksam sind, z.B. in der Predigt des Wortes Gottes, in Taufe, Abendmahl und Sündenvergebung. In dem, was nach dem Wort des Herrn geschieht, vollzieht sich, was der Herr in seinem Wort zu tun verheißen hat. Das soll und darf die Gemeinde wissen, und es wird Sache der verantwortlichen Prüfung sein, ob das Evangelium rein verkündigt und die Sakramente recht, d.h. nach der Einsetzung des Herrn verwaltet werden.

Die Warnung des Herrn für die Irrlehrer mit dem drohenden Hinweis auf die Verwerfung im Endgericht greift wesentlich tiefer. Denn sie trifft den Lehrer oder Bekenner in der unausweisbaren Verborgenheit seines Herzens, die ihm vielleicht sogar selbst verdeckt ist. Der Widerspruch, der dabei aufgedeckt wird, besteht darin, daß zwar der Herr als Herr angeredet und verkündigt wird, doch es fehlt jener Gehorsam des Sklaven, der den Willen des Herrn tut, weil er dessen Eigentum ist. D.h. hier steht etwas zwischen dem Herrn und dem eigenen Selbst des Jüngers; es fehlt jene Einung des Willens, die aus der Einwohnung des Geistes in uns erwächst. Denn den Willen des Herrn tun, heißt stets, daß sein Wille unser Wille ist und daß unser Eigenwille abstirbt, indem wir in Christus und durch ihn leben (Gal 2,20; Phil 1,19–26).

Wenn es bei der Warnung vor den Irrlehrern um fremde Inhalte geht, aus denen keine guten Früchte für das ewige Heil erwachsen können, dann geht es bei der Warnung für die Irrlehrer darum, die Wurzel des Übels selbst im Licht des Endgerichts aufzudecken. Nicht von anderen ist hier zu reden, sondern wir selbst sind gefragt, ob wir bei unserem Reden und Tun im Namen Jesu Christi in unserem Herzen auch wirklich zu ihm gehören. Auch dazu ist die Bergpredigt Anweisung und Maßstab. Der Hinweis auf das noch bevorstehende Gericht wird stets ein Ruf zur Umkehr sein, der zu Herzen gehen soll, bevor es zu spät ist.

Gebet

Herr, mit der Strenge deines Gerichts willst zu uns zur Umkehr rufen, solange es Zeit dafür ist. Du kennst unsere Herzen und weißt, wie es um unseren Willen steht. Wir bitten dich, erneuere uns durch die Gabe deines Geistes, daß unser Eigenwille abstirbt, wo er seinen eigenen Wünschen und Trieben folgt und daß der nach deinem Willen erneuerte Mensch in uns auflebt, daß du ganz in uns bist und wir ganz in dir sind.

Bitten / Fürbitten ...

»Verwirf mich nicht von deinem Angesicht, und nimm deinen heiligen Geist nicht von mir« (Ps 51,13). Amen.

Hören und Tun:
Das feste Fundament

Matthäus 7, 24–27
Lukas 6, 47–49

24 »Darum, wer diese meine Rede hört und tut sie, der gleicht einem klugen Mann, der sein Haus auf Fels baute.

25 Als nun ein Platzregen fiel und die Wasser kamen und die Winde wehten und stießen an das Haus, fiel es doch nicht ein; denn es war auf Fels gegründet.

26 Und wer diese meine Rede hört und tut sie nicht, der gleicht einem törichten Mann, der sein Haus auf Sand baute.

27 Als nun ein Platzregen fiel und die Wasser kamen und die Winde wehten und stießen an das Haus, da fiel es ein, und sein Fall war groß.«

Mit einem Gleichnis schließt der Herr seine Rede ab, und der Vergleich mit den beiden Häusern, von denen das eine auf Fels, das andere auf Sand gebaut wurde, ist so einprägsam, daß auch dieses Bild oft zur Redewendung in der Alltagssprache wird. Die Bedeutung solcher Gleichnisse liegt stets darin, daß dem Hörer an einem Sachverhalt, den er kennt, dem er zustimmen muß, weil er ihn vor Augen hat, die Augen für das Himmelreich geöffnet werden. Die Reaktion des Hörers kann nur sein: Natürlich, so ist es doch.

Am Schluß seiner Predigt spricht der Herr seine Jünger auf das Hören und Tun an, und mit dem Vergleich wird deutlich, wie beides untrennbar zusammengehört. Und wir haben aus den beiden vorangehenden Worten mit der Warnung vor den Irrlehrern und der Drohung an die Irrlehrer noch im Ohr, wie Hören und Tun auseinanderfallen, wenn einerseits die Früchte fehlen und andererseits im Endgericht die Abweisung erfolgt, weil man zwar »Herr, Herr« sagt, aber den Willen des Vaters nicht getan hat. Dieser Hinweis auf das Endgericht, der sich wie ein roter Faden durch die Bergpredigt zieht, ist auch in diesem Schlußgleichnis das, worauf es ankommt: Ob das Haus stehenbleibt oder zusammenstürzt.

Die einprägsame Anschaulichkeit des Vergleichs wird bei näherer Betrachtung eigenartig schillernd: Einerseits hängen Bauherr und Gebäude so eng zusammen, daß sie kaum voneinander zu unterscheiden sind, und das Schicksal des Hauses ist vom Geschick des Bauherrn kaum zu trennen. Das erinnert uns daran, wie »Bau«, »Gebäude«, »Haus« und »Tempel« ein Bild sein können für den einzelnen Christen: »Oder wißt ihr nicht, daß euer Leib ein Tempel des heiligen Geistes ist, der in euch ist und den ihr von Gott habt, und daß ihr nicht euch selbst gehört?« (1.Kor 6,19), wie auch ein Bild für die ganze Gemeinde: »Erbaut auf den Grund der Apostel und Propheten, da Jesus Christus der Eckstein ist« (Eph 2,20 vgl. Jes 28, 16–22; Ps 118,22). So wird mit dem Bau oder Haus der Leib anschaulich, in dem der Geist Gottes wohnt (vgl.Röm 8,9–11) und das Wesen der Gemeinde als Leib Christi (1.Kor 12; Röm 12). Dies aber bezieht sich auf das gegenwärtige Heilsgeschehen unter der Verkündigung des Wortes Jesu Christi, wie der Apostel sagt: »Denn wir sind Gottes Mitarbeiter; ihr seid Gottes Ackerfeld und Gottes Bau...« (1.Kor 3,9). Ebenso deutlich ist dieser Zusammenhang von Herr und Gemeinde in dem Wort Jesu auf das Bekenntnis des Petrus, dessen Name in der griechischen Form »petros« / »petra« auf den Fels als das Fundament anspielt (Mt 16,16–18).

Schillernd ist andererseits in dem Gleichnis das Verhältnis von Lebenserfahrung und Endgericht. Wolkenbruch und Stürme gehören zur Wirklichkeit des Lebens in dieser Zeit, ebenso wie Fels und Sand. Bodenbeschaffenheit und Wetterverhältnisse gehören zu den Dingen, auf die man achten und nach denen man sich richten muß in diesem Leben. Der Zusammenbruch eines Hauses aber ist etwas Endgültiges, zumal wenn man die Anspielung auf den Leib und das Leben des Menschen mitbedenkt.

Genau das aber will der Herr uns mit diesem Vergleich zum Hören und Tun seines Wortes vor Augen führen: Es geht hier um uns selbst in dieser Zeit mit der Entscheidung für die Ewigkeit. Jetzt ist es noch Zeit, aber diese Zeit hat ein bestimmtes Ende.

Wenn die Absicht des Vergleichs deutlich ist, können wir noch ein paar Einzelheiten des Bildes betrachten.

Hören und Tun des Wortes des Herrn gehört in der Weise zusammen, daß damit der Fels als Fundament für den Aufbau bezeichnet wird; es wird also nicht das Hören als Fels und das Tun als Aufbau verstanden, denn die Worte des Herrn sind der tragende und bewahrende Felsengrund, wie umgekehrt das Fundament nicht tragfähig ist, wo beim Hören das Tun fehlt.

Bei der Bodenbeschaffenheit im Heiligen Land kann es durchaus sein, daß der Sand in der Trokenzeit steinhart wird und daher tragfähig zu sein scheint. Man könnte sich viel Arbeit und Kosten sparen, wenn man ohne eingehende Prüfung und tieferes Graben ein zudem in der Regel leicht gebautes Haus daraufsetzt. Für jedes Zelt mag das auf die kurze Zeit des Aufenthalts möglich sein. Wer sich nach der Bequemlichkeit des Augenblicks richtet, wird gerne auf weitere Mühen verzichten und sich den gegebenen Verhältnissen anpassen. An vielen Weisungen der Bergpredigt ist zu sehen, welches der leichtere Weg ist, der von vielen begangen wird.

Beim Felsen aber ist das Entscheidende nicht die Mühe, sondern die Tragfähigkeit und Beständigkeit, und das hat den Charakter einer Zusicherung und Verheißung für die Zukunft. Dieser Fels trägt durch Flut und Sturm hindurch; er führt durch die Zeit zur Ewigkeit. Daran wird erkennbar, wie vom Wort des Herrn her Hören und Tun so zusammengehören, wie der Mensch erneuert und die Gemeinde erbaut und vollendet wird, so daß sie vor Gott bestehen und in sein Reich kommen kann.

Schließlich mag hier noch einmal an die sechste und siebte Bitte des Vaterunser erinnert werden, wo die Bewahrung vor Versuchung und die Erlösung vom Bösen an dem erkennbar wird, was auf das Haus einstürmt, was es zu untergraben und umzustürzen versucht. Auch das auf Fels gebaute Haus bleibt von solchen Stürmen und Fluten nicht verschont, aber durch das Fundament wird es festgehalten.

Fundamente, auf denen ein Haus steht, sieht und beachtet man normalerweise nicht. Sind sie unzureichend, dann bemerkt man das immer erst, wenn es zu spät ist, und dann lassen sich die Fundamente nicht mehr legen, ohne daß das ganze Haus abgebrochen werden muß. Deshalb ist das Wort des Herrn für diejenigen, die es hören, rechtzeitig, solange noch Zeit dafür ist. Durch sein Wort, wie wir es in der Bergpredigt gehört haben, wird uns das Fundament gegeben, das uns trägt und bewahrt. Dieses Wort Gottes ist unveränderlich und unvergänglich, auch gegenüber dem Wandel und den Stürmen der Zeit (vgl. Jes 40,8; Ps 119,89; Lk 21,33; 1.Petr 1,25). Wenn wir so den festen Grund haben, können wir den nicht tragfähigen Sandboden erkennen und unterscheiden, selbst wenn er vordergründig fest und für unser Gebäude bequemer zu sein scheint. Von Gott her geht es bei diesem Bild um die Unverbrüchlichkeit und Unveränderlichkeit seines Wortes, das für alle Zeit und Ewigkeit gilt. Für uns Menschen wird dadurch aber auch die Zufälligkeit und Wandelbarkeit menschlicher Worte und Meinungen erkennbar. Geschichte und Geschichtlichkeit wird gern als "Fluß des Werdens" mit eigener Kraft und Gesetzmäßigkeit beschrieben. Wenn aber das Wort Gottes der Heiligen Schrift solcher Geschichtsbedingtheit untergeordnet wird, ist bereits der tragende Felsgrund mit dem fließenden und verwehenden Sand vertauscht. Das Haus der christlichen Existenz und das Gebäude der christlichen Gemeinde kann dann nur zerfallen, wenn das fehlt, was trägt und verbindet.

Indem uns das feste Fundament im Wort Gottes gegeben wird, werden wir freilich auch auf das hingewiesen, was uns als Gemeinde mit der ganzen Welt am Ende der Zeit bevorsteht. So ist das zusammenfassende Schlußgleichnis eine Mahnung zur Prüfung und eine Verheißung für das, was in der endzeitlichen Prüfung allein Bestand hat (vgl. Hes 13,13–16; Ps 1).

Wiederholung der Textlesung

Gebet

Herr, in deinem Wort gibst du uns und deiner Gemeinde den Felsengrund, der uns durch die Stürme dieser Zeit trägt und bewahrt für die ewige Herrlichkeit deines himmlischen Reiches. Wir danken dir und bitten dich, erneuere und erbaue uns durch deinen Geist, daß wir aus dem Hören deines Wortes in unserem Tun Frucht bringen in dieser Zeit für die Ewigkeit.

Bitten / Fürbitten…

»Deshalb werden alle Heiligen zu dir beten zur Zeit der Angst. Darum, wenn große Wasserfluten kommen, werden sie nicht an sie gelangen. Du bist mein Schirm, du wirst mich vor Angst behüten, daß ich errettet gar fröhlich rühmen kann« (Ps 32, 6–7). Amen.

Das Entsetzen des Volkes
über die Vollmacht Jesu

Matthäus 7, 28–29

28 »Und es begab sich, als Jesus diese Rede vollendet
   hatte, daß sich das Volk entsetzte über seine Lehre;
29 denn er lehrte sie mit Vollmacht und nicht wie ihre
   Schriftgelehrten.«

Die Rede Jesu ist zu Ende, und das Volk ist »entsetzt« über
seine Lehre. Damit wird beschrieben, wie die Zuhörer überrascht sind, weil sie etwas anderes hören, als was sie zu hören
gewöhnt sind. Noch mehr aber sind sie, wenn man das griechische Wort »entsetzen« in seiner Bedeutung entfaltet, wie von
einem Schlag getroffen. Die Ursache dafür und der Unterschied gegenüber dem, was das Volk von seinen Schriftgelehrten immer hört, liegt in der Vollmacht Jesu, und das verweist
auf seine göttliche Autorität, die nicht aus menschlicher Überlieferung oder Zustimmung kommt, sondern, und das erinnert
uns an die Taufe Jesu, aus dem Himmel von oben: »Und siehe,
da tat sich der Himmel auf, und er sah den Geist Gottes wie
eine Taube herabfahren und über sich kommen. Und siehe,
eine Stimme vom Himmel herab sprach: Dies ist mein lieber
Sohn, an dem ich Wohlgefallen habe« (Mt 3,16.17).
Daß die Vollmacht Jesu von oben, also von Gott, dem Vater
im Himmel, ist, macht ihre Wirkung aus. Darin liegt zugleich
der Unterschied zu der gewohnten Lehr- und Predigtweise der
Schriftgelehrten, bei denen Methode und Inhalt der Lehre dar-

auf ausgerichtet sind, die innergeschichtliche Verstehbarkeit und die gesellschaftliche Anwendbarkeit zu erschließen. Wer nicht weiß, daß das Wort Gottes von oben kommt, der wird sich unten krampfhaft bemühen, Verstehensschwierigkeiten zu überwinden, was oft zu nichts anderem führt, als daß der Anspruch des Wortes Gottes und der Ruf in die Nachfolge aufgehoben werden.

Im Rückblick auf die Bergpredigt gibt es eine Reihe von Sachverhalten, an denen diese Vollmacht Jesu, des Sohnes Gottes, zum Ausdruck kommt. Das beginnt mit den Seligpreisungen, in denen gegen allen Augenschein von Erfolglosigkeit und gegen alle Erfahrung von Verfolgung das Reich der Himmel fest zugesagt wird (Mt 5,1–12); und das ist Grund zur Freude. Es geschieht weiter Mt 5,17–20, wenn die unbedingte und unveränderliche Geltung der Gebote Gottes bis zum kleinsten Häkchen und I-Tüpfelchen eingeschärft wird. Denn das Wort Gottes in Gesetz und Propheten ist nicht zeitbedingt, sondern es bedingt die Zeit, »bis Himmel und Erde vergehen«. In der Lehre Jesu gibt es eben weder geschichtliche Entwicklung noch gesellschaftliche Anpassung, weil es um das für alle Zeit in gleicher Weise geltende Wort Gottes geht, das aus dem Himmel kommt und zum Himmel führt. Die Vollmacht Jesu wird ebenfalls spürbar in den sechs sogenannten »Antithesen« (Mt 5,21–6,43). Darin wird einerseits von dem, was von den Alten oder zu ihnen gesagt wurde, zu dem ursprünglichen Willen Gottes zurückgeführt. Vor allem aber wird der Gegensatz zwischen unserem Wollen und Gottes Willen bisweilen schmerzlicher und doch heilsamer Weise in uns aufgedeckt.

Zur Vollmacht Jesu gehört, daß er weiß und sagt, daß Gott der Vater ist (Mt 6,9) und wie er als Vater »in das Verborgene sieht« (Mt 6,4. 6. 18), wie er uns kennt, für uns sorgt und unser Gebet erhört. Schließlich gehört zur göttlichen Vollmacht Jesu, daß er das Gericht Gottes in Lohn und Strafe kennt und in seiner Lehre darauf hinweist. So zeigt er uns die abwartende Güte Gottes, der »seine Sonne aufgehen läßt über Böse und Gute und läßt regnen über Gerechte und Ungerechte« (Mt 5, 45). Es ist der wiederholte Hinweis auf den Lohn und die Vergeltung oder Erstattung im Himmel (Mt 5,12; 6,4.6), aber ebenso auch das unbedingte Gericht und die Strafe (Mt 5,26). In aller Zuspitzung der endzeitlichen Entscheidung zeigt sich das bei dem Hinweis auf den Zusammenhang zwischen dem Empfang der Sündenvergebung von Gott und ihrer Weitergabe an den Nächsten (Mt 6,12.14.15) sowie dort, wo der innere Widerspruch zwischen einem äußeren Bekenntnis und ansehnlichen Taten auf der einen Seite und dem inneren Ungehorsam gegenüber Wort und Willen Gottes in einem Menschen auf der anderen Seite vor Gottes Gericht aufgedeckt wird (Mt 7, 21–23).

Das »Entsetzen« über die Lehre Jesu ist etwas völlig anderes als eine begeisterte Zustimmung, die doch meist nur dadurch entsteht, daß wir in unseren eigenen Vorstellungen angesprochen, in unseren Gefühlen bestätigt und in unseren Wünschen befriedigt werden. Doch daraus kommt keine Erneuerung, sondern bestenfalls eine Bestärkung des alten Menschen. Das Entsetzen ist auch nicht von einem persönlichen Eindruck bestimmt, wie es sich aus der Redeweise, aus Gesten und Aussehen ergeben mag. Dies alles, was menschlicher Einfluß bewirken mag, wird über Jesus niemals berichtet, außer der Tatsache am Anfang der Bergpredigt, daß er »seinen Mund auftat«.

Die Wirkung des Entsetzens konzentriert sich ganz auf diesen Vorgang von Reden und Hören, wie das auch an anderen Stellen hervortritt (Lk 4,32; Mk 1,22.27). Es ist genau dieses Wort, das der Herr zu uns spricht, durch das unsere Augen für die Gegenwart Gottes bei uns geöffnet und unsere Herzen durch Erleuchtung erneuert werden (2.Kor 4,6). Der Jünger, der in der Bedeutung des griechischen Wortes für Jünger ein Schüler ist, wird hören, und er wird bei seinem Herrn bleiben und nachfolgend hinter ihm hergehen auf dem Weg, den er uns führt durch diese Zeit zur Ewigkeit, durch Leiden, Sterben und Tod zum ewigen Leben im Reich der Himmel und in der Gemeinschaft mit Gott.

Gebet

Herr, himmlischer Vater, du hast deinen Sohn zu uns gesandt, um uns zu dir zurückzuholen; du hast uns dein Wort gesagt, damit unsere Augen geöffnet und unsere Herzen erneuert werden; du hast uns den Ernst deines Gerichts und die Größe deiner Liebe offenbart. Darum bitten wir dich: Stärke unseren Glauben und unseren Gehorsam, daß wir in allem dir vertrauen, daß wir weder die Anerkennung von Menschen suchen, noch ihre Verachtung fürchten, weil du uns die ewige Seligkeit als Lohn verheißen hast.

Bitten/Fürbitten...

»Laß mich dein sein und bleiben, du treuer Gott und Herr, von dir laß mich nichts treiben, halt mich bei deiner Lehr. Herr, laß mich ja nicht wanken, gib mir Beständigkeit, dafür will ich dir danken in alle Ewigkeit« (Nikolaus Selnecker). Amen.

Reinhard Slenczka
Kirchliche Entscheidung in theologischer Verantwortung

Grundlagen – Kriterien – Grenzen. 1991. 280 Seiten, kart.
ISBN 3-525-56104-0

In einer Volkskirche wird die Übereinstimmung von Kirche und Gesellschaft nach Zahl und Zustimmung aus naheliegenden Gründen zu einem alles bestimmenden Maßstab. Doch dies entspricht nicht dem, was die Kirche nach ihrem geistlichen Wesen ist und was sie unter dem Auftrag und der Verheißung ihres Herrn zu tun hat.

So ist zu bedenken: 1. was der Grund der Kirche in der Offenbarung des dreieinigen Gottes durch sein Wort ist, 2. worin die theologische Verantwortung besteht, bei der es nicht nur um die Möglichkeit des Verstehens und die Notwendigkeiten des Handelns, sondern zuerst immer um die rettende Wahrheit geht. Es ist 3. von hier aus zu betrachten, wodurch die Gemeinde erbaut wird im Gehorsam des Glaubens, im Gottesdienst und in der Vollmacht des Amtes zur Leitung. Und schließlich geht es 4. um die Grenzen der Kirche, die sich nicht nur um sie, sondern auch in ihr auftun. Das betrifft die Entscheidung über Lehre und Lehrer, das Verhältnis zur Öffentlichkeit sowie die Pluralität und Konkurrenz des Religiösen.

„Slenczkas Buch zeichnet sich durch viele praktische Hinweise und Konkretionen aus, sowie durch interessante Anmerkungen zu zahlreichen Schriftstellen. Es kann daher gerade für die kirchliche Praxis gute Dienste leisten."

Lutherische Theologie und Kirche

Vandenhoeck & Ruprecht · Göttingen/Zürich

Dienst am Wort

Die Reihe für Gottesdienst und Gemeindearbeit.
Bei Subskription der Reihe ca. 10% Ermäßigung. Eine Titelauswahl:

64: Heinz Perschke
Balladen zur Bibel
1993. 159 Seiten, kart. ISBN 3-525-59328-7
In diesem Band werden wichtige biblische Geschichten in Reimen nacher-
zählt und damit in eine Form gebracht, die dem Leser (oder Hörer) den
Zugang erleichtern kann.

62: Klaus-Peter Jörns (Hg.)
Von Rut und Boas bis Judas
Frauen und Männer in der Bibel II. Meditationen. 1993. 146 Seiten,
kart. ISBN 3-525-59326-0

61: Klaus-Peter Jörns (Hg.)
Von Adam und Eva bis Samuel
Frauen und Männer in der Bibel I. Meditationen. 1993. 162 Seiten, kart.
ISBN 3-525-59325-2

57: Michael Meyer
Pfingsten. Unterbrochenes Schweigen
Verkündigung, Gebete, Antworten. 1992. 168 Seiten, kart.
ISBN 3-525-59320-1

55: Ernst Henze (Hg.)
Die Beichte
1991. 160 Seiten, kart. ISBN 3-525-59317-1
Die Beichte als kirchliches Handeln ist vielerorts in Vergessenheit geraten. In neuer Zeit gewinnt sie als Bekenntnis der Schuld und Zuspruch
der Vergebung neue Bedeutung, vor allem in der Seelsorge der Kirche.

Vandenhoeck & Ruprecht · Göttingen / Zürich